探検言語学

ことばの森に分け入る

呉人徳司・呉人 惠 著

北海道大学出版会

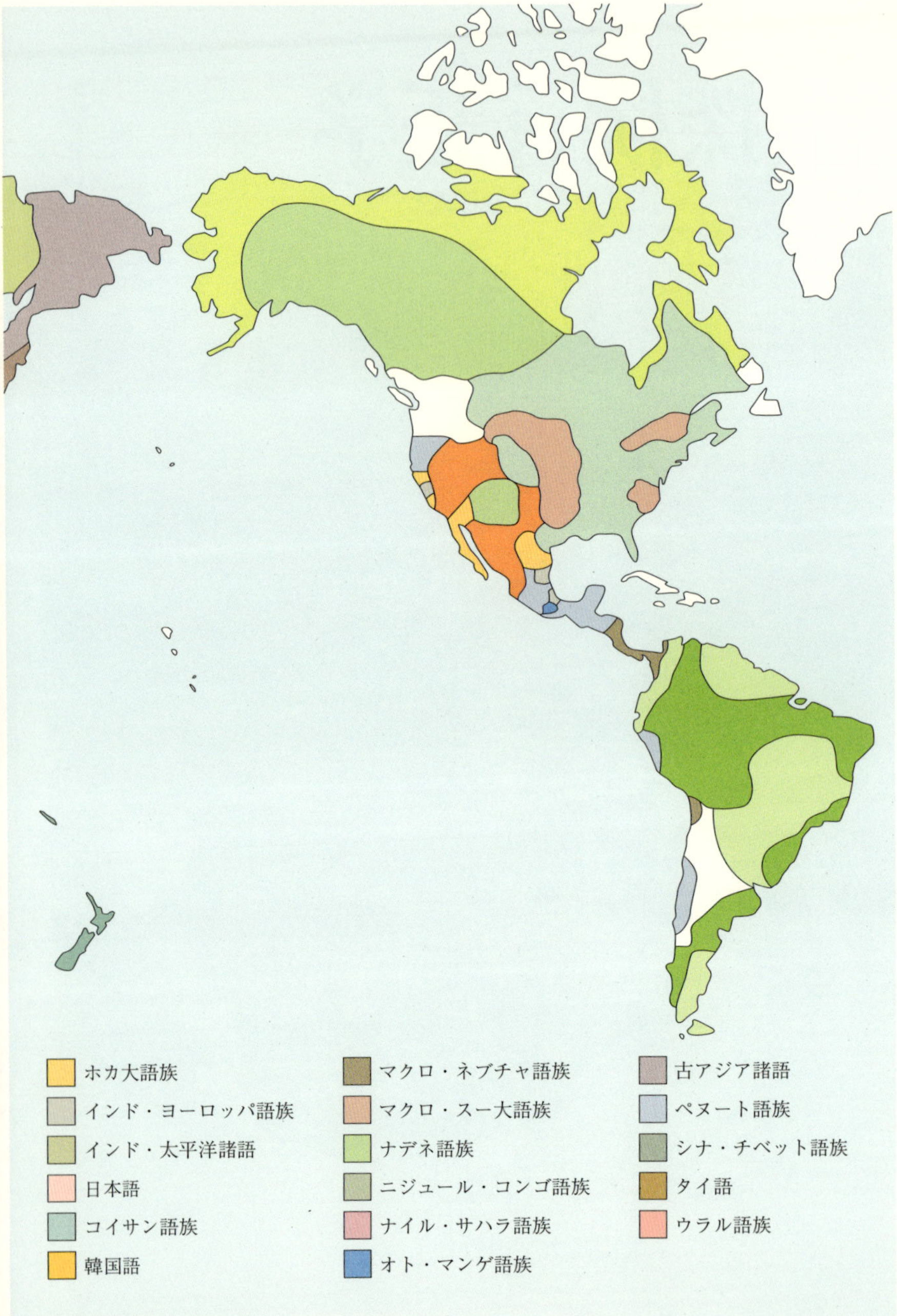

（風間等（2004）を参考に作成）

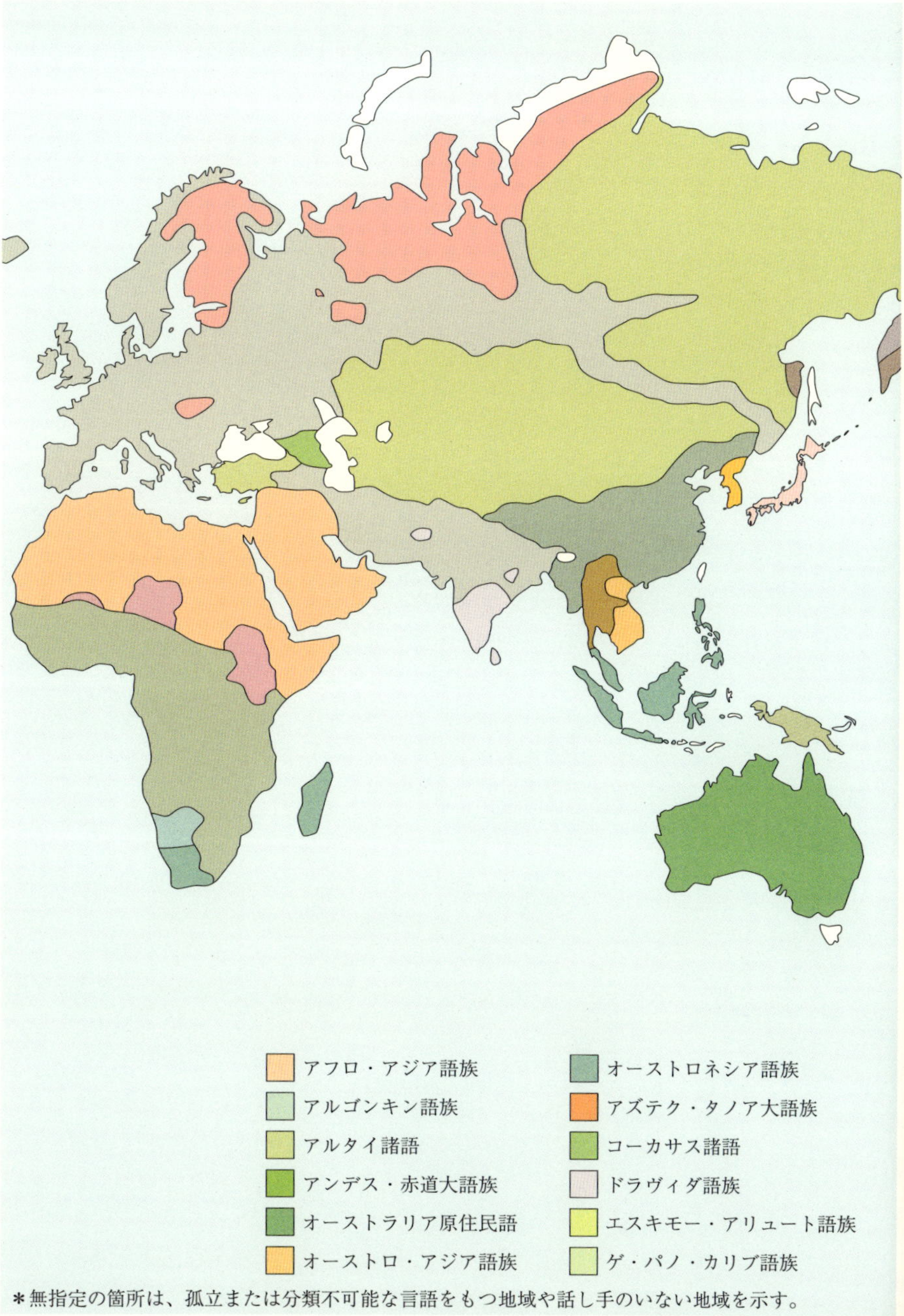

アフロ・アジア語族
アルゴンキン語族
アルタイ諸語
アンデス・赤道大語族
オーストラリア原住民語
オーストロ・アジア語族
オーストロネシア語族
アズテク・タノア大語族
コーカサス諸語
ドラヴィダ語族
エスキモー・アリュート語族
ゲ・パノ・カリブ語族
＊無指定の箇所は、孤立または分類不可能な言語をもつ地域や話し手のいない地域を示す。

口絵地図１　世界の言語分布図

エスキモー・アリュート語族
ユカギール語
チュクチ・
カムチャツカ語族
ツングース語族
ツングース語族
チュルク語族
ツングース語族
チュクチ・
カムチャツカ
語族
エスキモー・
アリュート語族
チュルク語族
ニヴフ語
ツングース語族
ツングース語族
アイヌ語
ツングース語族
ツングース
語族
モンゴル語族

北東アジアの諸言語

本図は，以下の文献をもとに作成した。
Comrie（1981），
Doerfer and Weirs（eds.）（1978），
池上監修（1983），池上（1989），
松村（1988），宮岡編（1992），庄垣内（1989），
Točenov et al.（1983）

口絵地図２

口絵写真１　第２ブリガードの冬の移動(中央は徳司)

口絵写真２　リトクーチ村の女性たち(チュクチ)

口絵写真３　第２ブリガードの冬の放牧地(チュクチ)

口絵写真４　クレスティキの人々(コリャーク)

口絵写真５　第 13 ブリガード夏営地のコリャーク少女

口絵写真６　ツンドラをトナカイ橇で移動するコリャーク

探検言語学——ことばの森に分け入る

目　次

コラム

序章

未知の「土地」と未知の「領域」へ

本書は、シベリア北東端に分布するチュクチ語(コラム1)とコリャーク語(コラム2)という一般にはほとんど知られていない言語に、私たち二人の言語学者、呉人徳司と呉人恵がフィールドワークを通じて取り組んできた記録である。チュクチ語とコリャーク語はいずれも、チュコトカ半島からカムチャツカ半島にかけて分布するチュクチ・カムチャツカ語族(地図1)に属している。話者数はチュクチ語が一万六〇〇〇人ほど、コリャーク語が二三〇〇人足らずと、いずれも大変、小規模の言語である。そのうえ、すでに子どもたちはロシア語に同化していて、母語として話すことができない。未来への継承がきわめて危ぶまれる、いわゆる「消滅の危機に瀕した」言語である。

ところで、読者のみなさんは、耳慣れないこの二つの言語もさることながら、まずは、「探検言語学」という不思議なタイトルに驚かれるのではないだろうか。記述言語学、社会言語学、心理言語学、応用言語学、数理言語学など、言語学のなかにも「〇〇言語学」と称されるさまざまな分野があるが、そのどこを見渡しても「探検言語学」という用語は見当たらない。

それもそのはずである。実は、このタイトルは本書の出版元である北海道大学出版会の成田和男氏発案によるものだからである。成田氏は、二〇〇九年に出版を手がけてくださった拙著『コリャーク言語民族誌』を読まれ、酷寒のシベリアのトナカイ遊牧地でフィールドワークをするとは、まさに「探検」だ!と、専門外の大胆さでこの命名をやってのけたのである。成田氏から「探検言語学というタイトルで本を書いてみませんか!」とのお誘いを受けたとき、この名称に違和感を覚えなかったといえば嘘になる。「ええ?　コロンブスでもマゼランでも

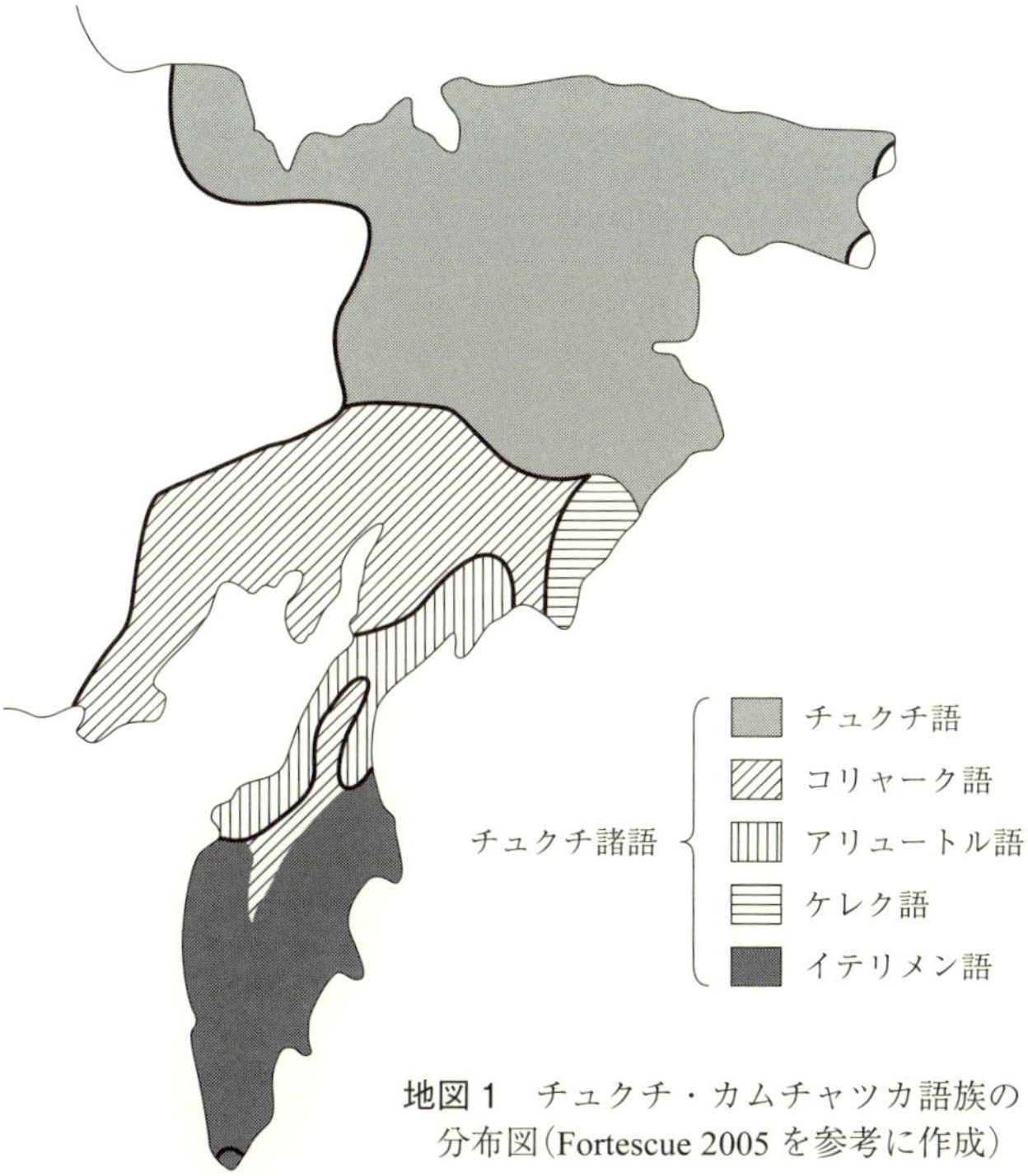

地図1　チュクチ・カムチャツカ語族の分布図（Fortescue 2005 を参考に作成）

ないのに、なぜ探検なの？　いや、百歩譲って、植村直己さんや堀江謙一さんからだって、私たちは程遠いではないか！」という腑に落ちない気持ちと、お声をかけていただいたことに対するありがたい気持ちとが交錯して、すぐにはお返事をすることができなかった。さらに、私たちがこれまでやってきたフィールドワークが仮に傍目からは「探検言語学」として映っていたとしても、今の私たちはそのようなフィールドワークからは遠ざかっている、いや、遠ざからずをえなくなってしまっている。

シベリアでフィールドワークをしてきたなどというと、どうも犬ぞりで北極点への単独行を敢行した植村直己のような探検家のイメージがオーバーラップしてしまうのかもしれない。たしかに、友人の民族学者のなかには、アフリカとシベリアを股にかけ、サバンナでライオンに遭遇し、逃げ回ったあげく木によじ登って一夜を明かしたと思えば、その数日後には一面の銀世界をスノーモービルで駆け回っている、正真正銘、究極のフィールドワーカーがいる。民族学者にとって、対象民族が生業活動をおこなう野外での参与観察は不可欠だから、そういう民族学者がいても不思議ではない。ところが、シベリアに通う私たちもそんなアウトドア派だと思われているふしがある。しかし、残念ながら現実は大違いである。幼少のみぎりよりモンゴルの草原で羊や山羊を追いかけ、モンゴル相撲に熱中してきた徳司はさておき、私、恵はアウトドア系というには程遠い人生を送ってきた。少なくとも日本にいたら、山にも登らなければ、海にも出かけない。体を動かすといったら、犬の散歩とコーラスで口を動かすくらいだ。

このように、そもそも人が話すことばの仕組みに関心がある我々言語学者には、さしあたり、木登り術もスノーモービルの操縦術も、およそ野外で生き残るための技はあまり必要ない。私たちのフィールドワークには、とりあえずは言語学者の執拗な質問に辛抱強く答えてくれる母語話者と紙と鉛筆と、そして二人が納まる小さな空間さえあればいい。話者の音声を観察して書き取ったり、何通りも同じような文を作文してもらったりするのに、野外を駆け回っていては始まらない。被調査者泣かせの「膝詰め」調査を延々とやるだけなのだ。

とはいえ、たしかに私たちは、普通の日本人ならば決して踏み入れることのないシベリアのツンドラ奥深くに、トナカイ橇(そり)、スノーボート、装甲車、トラック、トラクター、モーターボート、ヘリコプターなど、これまた日本ではよほどのことがなければ利用しないようなさまざまな交通手段で分け入ってきた。それも、しばしば、日本では考えられないような厳しい寒さのなかを。凍った川のまん真ん中でトラクターが故障し、そのまま一週間水上(氷上?)生活者になったり、猛烈な吹雪のなかで道に迷ったりしながら。しかし、そのようなツンドラ行は私たちにとってはあくまでも手段であって、目的ではない。本当の目的は、類型的特異性と構造的絢爛さで言語学者を魅了してやまないコリャーク語とチュクチ語を調査することなのだ。現地に着くまでのスリリングで楽しい？旅が終われば、待ち受けているのは、地味で気の遠くなる語彙収集や文法調査の毎日である。そんな私たちのフィールドワークを、いったいどうすれば「探検」と名づけることができるのだろうか。また、そのような調査のようすをどうすれば読者のみなさまが退屈しないようにお伝えすることができるのだろう。

困惑した私は、生真面目に国語辞典を引っぱり出してきて、「探検」という項目を探してみた。するとそこには、こう書かれてあった。「危険を冒して未知の地域に踏み込み、実地に調べてみること」（『新明解国語辞典』三省堂、二〇〇七年）

私はあらためて、これまでのシベリアでのフィールドワークを振り返ってみた。そこは、寒暖の差が激しく、夏は平均気温が三〇度を超える一方で、冬は氷点下（マイナス）六〇度にも下がる過酷な気候条件のツンドラである。上述のさまざまな交通手段で、ひとっ子一人いないだだっ広いツンドラを何日も旅しなければ、目的地にはたどり着けない。そのような調査行は、なるほど、危険を冒して未知の地域に分け入る「探検」という定義にあてはまらないこともない。しかしである。私たちのフィールドワークを、果たして物理的な危険性の大きさや、分け入る地域の奥深さという意味だけで「探検」と呼んでいいのだろうか。プロの探検家でもなんでもなく、一介の言語学者にすぎない私たちのフィールドワークをあえて「探検」と呼ぼうとするならば、そこには、言語学者ならではの価値や意味が見出されなければならないのではないか。そんなことをあれこれ考えているうちに、私は私たちの調査行を「探検」と呼ぶからには、未知の「土地」をめざすことが、未知の「領域」をめざすこととリンクしていなければならないということに思い至った。

ここでいう「領域」とは、私たちがこれまで取り組んできた言語学のなかの未開拓の分野という意味にとっていただければいい。言い換えれば、辺境の言語の研究が、一般言語学の風景を多少なりとも変えうるような研究にまで昇華されてこそ、私たちが辺境に挑む意味はあるし、それを「探検」と名づける価値はあると考えたのである。このように「探検」を捉え直したとき、ようやく「探検言語学」というタイトルのもとでなにを書くべきなのかが見えてきたような気がした。

私たちが分け入った未知の「土地」とはどのようなところであったのか、そしてその「土地」にはめざすべきどのような未知の「領域」があったのか、そしてその「領域」に私たちはどのように分け入り、これを切り開いてきたのか。これらを自分自身にあらためて問い直すことによって、ひょっとしたら、辺境での言語のフィールドワークの記録が、言語学のより普遍的な地点に近づくことができるかもしれない。そう予感したとき、「探検言語学」は少しずつ形を取り始めた。

私たちがめざした三つの「領域」

振り返ってみれば、私たちのシベリアでのフィールドワークは、三つの「領域」への探検行であったように思う。

第一に私たちがめざしたのは、地道に「言語の文法」を綴るという言語学の本来あるべき「領域」であった。現代の言語学は、理論研究が先鋭化するなかで、英語をはじめとするヨーロッパの言語や中国語、日本語など、文字もあり、アクセスもしやすい言語を対象とした一般化が先行している。のみならず、各分野の分業化が進みすぎたあまり、「木を見て森を見ず」状態に陥ってしまってもいる。世界にはおよそ七〇〇〇もの言語があるといわれている。にもかかわらず、そのごく一部分のさらに一部分しか見ずに袋小路にはまり込んでいる感が否めない現代言語学の方向性は、どう考えても不健全である。そんな今、まず優先的にやらなければならないのは、これまで研究の手が加えられていなかった言語を一から記述することにより、その言語に対するリアリスティックでホリスティック、かつバランスの取れた理解をえることをめざすことである。世界中でこのような言語の記述が蓄積されれば、言語学が到達しえる場所もずいぶんと違うものになるかもしれない。

樹木にたとえれば、この「領域」を開拓することが、私たちのチュクチ語研究、コリャーク語研究の「幹」の部分である。フィールドワークという「根っこ」でそれぞれの言語の養分を最大限に吸収し、その姿を「幹」としてつくりあげていくのだ。なぜ、数ある言語のなかでチュクチ語とコリャーク語をそれぞれ選んだかについては、いずれ本書のなかで明らかになるだろう。

第二に私たちがめざしたのは、言語をとおしてチュクチやコリャークの「文化の文法」を紡ぐという「領域」である。言語学が言語そのものの仕組みを解明するのを目的とするとすれば、この「領域」は、言語を通して文化の仕組みを解明することを目的としている。言語学のなかでは「言語人類学」とも称され、文化人類学とリンクする分野であるが、言語が話されている現場でフィールドワークをおこなう言語学者にこそ開かれた分野であるといってもいい。言語学者にとって根や幹に当たる言語そのものの記述ほどには中心的ではないかもしれないが、この領域に踏み込むことで、研究にも奥行きや広がりが出てくる。いわば幹から伸びた枝葉の部分である。

そして、第三に私たちがめざしたのは、チュクチ語やコリャーク語といった辺境の言語を、英語や日本語と同等に世界の言語のなかで相対化するという「領域」であった。これらの言語には、私たちが馴染んでいる言語にはない、さまざまな類型的な特異性がある一方で、一見見慣れない新奇な現象のなかに、ほかのメジャーな言語にも通じる普遍性が認められたりする。それらを掘り起こし、より広い通言語的な視野からこれらの言語を眺めること、それが私たちのめざした次なる「領域」である。

読者のみなさまにとっては、チュクチ語もコリャーク語も耳慣れない言語であるにはちがいない。たしかに、日本のような小さな島国のなかで暮らしていると、簡単にはアクセスできない地球のどこか辺境の地で、聞いたこともないような言語が話されていることを想像することは容易ではない。ましてや、そのような言語に興味を持ち、研究してみようと思うことなどそうそうないかもしれない。そのうえ、私たちが話す日本語は、世界で八番目に大きな話者人口を擁する大言語である。また、その日本語が話されている日本という国は、それなりの経済力も政治力も兼ね備えている。しかし、言語にまとわりついた人口だとか経済力、政治力だとかいった余計なものを剥ぎ取って、言語それ自体の重さをはかってみれば、その結果はまったく違ったものとなる。むしろ、表現形式の多様さ、幅広さ、奥深さ、そして可能性を示してくれる言語こそが、言語学的には重たい言語である。そのような重さでは、チュクチ語やコリャーク語は、日本語にも英語にも決してひけをとらない。

以上、本書では、未知の「土地」への探検行と、これら三つの「領域」への探検行を有機的に重ね合わせながら、私たちの研究の軌跡を描いていきたい。本書を読んでくださった読者の方々は、未知の土地で生身の人間と向き合うフィールドワークがいかに一筋縄ではいかないかを痛感するのではないかと思う。ＩＴ化により、言語研究の環境も大きく様変わりしつつある。いながらにして世界のさまざまな言語の情報や研究の動向を知ることができるようになり、わざわざ辺境の地の不便な環境で調査をするような苦労を買って出る研究者は少なくなっているように思われる。とはいえ、言語は、生身の人間が発する音声を聞き取るところから研究していってこそ、その本来のたしかな姿に触れることができるものである。本書を通して、研究室のパソコンに向かい既存の言語データを操る「アームチェア言語学者」とはひと味もふた味も異なる、泥や埃にまみれた「フィールド言語学者」の仕事ぶりが多少なりとも伝わってくれることを願っている。

呉人　惠

【コラム 1】チュクチ語

〈分布域〉

チュクチは，アジア大陸北東端，チュコトカ半島およびその周辺に住む総人口約 15,000 人あまりの民族である。その大半は，チュクチ自治管区の七つの地区に広く分散しており，残りの一部が隣接する旧コリャーク自治管区のアリュートル地区およびサハ共和国に居住している。チュクチ自治管区は，日本の約 2 倍に匹敵する 73 万 km^2 あまりの面積を持つ。チュクチ自治管区とはいえ，旧ソ連時代に出稼ぎを目的に移住してきて，村や町に集中しているロシア人，ウクライナ人などが人口の大多数を占めている。少数民族としてはチュクチのほかに，少数のアジア・イヌイットが東の海岸地帯に，ツングース系のエヴェンが内陸部に住んでいる。「チュクチ」という民族名称は，「トナカイ遊牧民」を意味する「チャウチュウ」に由来する。

〈話者数〉

チュクチ語の話者数は表 1，2 に見る通り。チュクチは伝統的に，トナカイ遊牧民と海岸の漁労民に分かれる。この生業の違いで語彙にある程度の違いがあるため西方言と東方言に分類されるが，同系のコリャーク語が方言分岐が大きいのに比べると両方言の差は比較的小さい。

表 1　チュクチ・カムチャツカ語族の話者数と危機度（Krauss 2003: 217 より）

	話者数	総人口	言語保持度
チュクチ語	11,000	15,000	a-b
ケレク語	10 以下	100 以下	>d
アリュートル語	2,000	4,000	c
コリャーク語	3,000	5,000	b-c
イテリメン語	500	2,500	c-d

a：子どもを含むすべての世代，b：両親の世代とそれ以上，c：祖父母の世代とそれ以上，d：少数の非常に高齢の話者，e：消滅，>：ある保持度を超えている状態

表2　1989年のチュクチ・カムチャツカ語族における民族語保持率（ロシア人口統計調査結果にもとづく）

	総人口	民族語を母語とみなす人口比率（%）	民族語を第2言語として話す人口比率（%）
チュクチ語	15,107	70.4	3.5
コリャーク語	8,942	52.4	5.4
イテリメン語	2,429	18.8	5.5

〈系統〉

チュクチ・カムチャツカ語族に属する。この語族はカムチャツカ半島南部からチュコトカ半島へと分布しており，南から北に，イテリメン語，アリュートル語，コリャーク語，ケレク語，チュクチ語と連なる。

〈言語特徴〉

チュクチ語には母音音素が6つ，子音音素が14しかない。コムリー（Comrie 1981a）によれば，旧ソ連の諸言語のなかで音素が最も少ない言語のひとつである。

チュクチ語の音素は以下の通りである。

表3　母音音素

	前	中	後
高	i		u
中	e	ə	o
低		a	

表4　子音音素

	両唇音	歯茎音	硬口蓋音	軟口蓋音	口蓋垂音	声門音
閉鎖音	p	t		k	q	ʔ
摩擦音		s		ɣ		
接近音	w		j			
弾き音		r				
側面摩擦音		l				
鼻音	m	n		ŋ		

チュクチ語はコリャーク語同様，1語のなかに多くの形態素をふくみうる複統合的な膠着的言語である。複統合性は抱合，語彙的接辞，動詞の複雑な屈折により支えられている。名詞の格標示は能格型を示す。名詞の格標示と動詞の屈折により一致を示す二重標示タイプである。そのため，語順は固定しておらず，自由度が高い。コリャーク語とさまざまな点で類似を示す一方で，動詞の屈折体系などに重要な違いが見られる。

〈民話〉クジラとトナカイ

Aŋqa-sorm-epə　n-ə-le-qin　qora-ŋə.
海-岸-沿　現在・不完了-挿入-行く-3単主　トナカイ-絶単

Rʔew=əm　aŋqa-jpə　n-ə-qole-nto-qen.
クジラ=強調　海-奪　現在・不完了-挿入-声-出る-3単主

'Kitaqun　mən-tejkew-mək　meŋin　epleen
おい　希求法・1複主-競争する-1複主　誰　知る

armaŋ　wa-lʔ-ə-n.'
強い　いる-名詞化-挿入-絶単

'Ee　mən-tejkew-mək.'　Osətko-ɣʔe　qora-ŋə.
はい　希求法・1複主-競争する-1複主　答える-3単主　トナカイ-絶単

Qora-ŋə　ta-saan-ŋ-ə-ɣʔe　wʔe-je.　Rʔew=əm
トナカイ-絶単　作る-投げ縄-作る-挿入-3単主　草-具　クジラ=強調

mərɣo-ta　ne-kəlw-ə-net　saat-te.
海藻-具　3複主-縛る-挿入-3複目　投げ縄-具

Qora-ta　saat-Ø　rʔomraw-nen.　rʔew-e=əm　mərɣo-saat
トナカイ-具(能)　投げ縄-絶単　結びつける-3単主3単目　クジラ=強調　海藻-投げ縄

kəlw-ə-nin　ŋojŋ-ə-k.　Ənqo　ʔareset-ə-tko-ɣʔet
縛る-挿入-3単主3単目　尻尾-挿入-所　そして　引く-挿入-反復-3複主

rʔew　aŋqa-ɣtə　qora-ŋə=əm　amnoŋ-etə.
クジラ　海-与　トナカイ-絶単=強調　ツンドラ-与

Rʔew-e　aŋqə-Ø　n-ena-n-peɣla-w-qen
クジラ-具(能)　海-絶単　現在・不完了-逆受動化-叩く-3単主

ŋojŋ-a.　Ətrʔe　ləmənkəri　miməl-Ø　n-etsetərʔo-qen.
尻尾-具　ただ　いたるところ　水-絶単　現在・不完了-散る-3単主

Qora-ŋə　rəpet　nuterɣ-ə-səku　ɣe-nʔet-lin　wenləɣi
トナカイ-絶単　さらに　ツンドラ-挿入-奥　過去・完了-なる-3単主　最後まで

n-ə-kətʔəmat-qen.　Luur　təlpʔi-ɣʔet　saat-te.
現在・不完了-挿入-抵抗する-3単主　突然　切れる-3複主　投げ縄-絶複

Rʔew-Ø　aŋqa-səko-t-ɣʔe.　Qora-ŋə=əm　amnoŋ-etə
クジラ-絶単　海-奥-動詞化-3単主　トナカイ-絶単=強調　ツンドラ-与

riŋe-ɣʔi.	ənke-teɣn-ə-k	qora-ŋə	em-əmnuŋ-kə
飛ぶ-3単主	ここ-境-挿入-所	トナカイ-絶単	だけ-ツンドラ-所
wa-ŋŋo-ɣʔe.			
いる-始動-3単主			

トナカイが海岸を歩いていると，クジラが海から叫んだ。

「おーい，競争しよう。どっちが強いか試そう！」

「いいとも！競争しよう。」トナカイが答えた。

トナカイは投げ輪を草でつくり，クジラは海藻でつくった。彼らは互いの投げ縄をつなげた。トナカイは投げ縄を自分の体に強く縛りつけ，クジラは投げ縄を自分の尻尾に縛りつけた。そして二人は綱引きを始めた。クジラは海の方へ，トナカイはツンドラの方へ引っぱった。クジラが海に尻尾を叩きつけると，そこらじゅうに水が飛び散った。トナカイは陸でクジラに対抗した。すると投げ輪が突然切れた。クジラは海のなかに見えなくなってしまった。トナカイはツンドラに跳び去ってしまった。それからトナカイはツンドラだけに住むようになった。

捕ったクジラを解体する（チュクチ自治管区ロリノ村にて）

【コラム2】コリャーク語

〈分布域〉

コリャーク語はロシア連邦カムチャツカ半島北部，かつてのコリャーク自治管区ならびに対岸の大陸側マガダン州セヴェロ・エヴェンスク地区を中心に話されている。

〈話者数〉

コリャーク語の話者数は表1，2に見る通りである。いずれの表からもコリャーク語がチュクチ語に比べ言語の保持度が低いことがうかがえる。さらに，2002年の北方先住民族の人口統計によれば，コリャーク語の全人口は，8,743人，うちコリャーク語を母語とするものは27.1％の2,369人といわれている。ただし，最年少の流暢な話者がすでに50歳以上であることを考えると，話者率はこの10年でさらに低下していることが予想される。

〈民族〉

コリャークは内陸でトナカイ牧畜にたずさわるトナカイ遊牧民コリャーク，チャウチュヴァンと，オホーツク海沿岸地帯でサケや海獣を捕って暮らす海岸定住民コリャーク，ヌムルウンとに分かれる(本書の対象となるのは，このうちチャウチュヴァンで，チャウチュヴァン方言を話す人々)。

〈系統〉

チュクチ語同様，チュクチ・カムチャツカ語族に属する。

〈方言分岐〉

方言の分類は生業による二分割には対応しない。コリャーク語は方言分岐が高く，チャウチュヴァン，パラナ，パレニ，イトカン，カメン，アプカ，カラガの7方言が認められている。ちなみにチュクチ・カムチャツカ語族は南のイテリメン語が方言分岐が最も高く，北上するにつれて低くなっていき，チュクチ語は語族のなかでも最も広い分布域を占めるにもかかわらず，東西2方言しか認められていない。このことから，チュクチ・カムチャツカ語族の原郷を方言分岐の最も高いイテリメン語に求めるという考え方がある(渡辺 1992)。

〈言語特徴〉

コリャーク語の母音音素は6つ，子音音素は18ある。

表5　母音音素

	前	中	後
高	i		u
中	e	ə	o
低		a	

表６　子音音素

	両唇音	唇歯音	歯茎音	後部歯茎音	硬口蓋音	軟口蓋音	口蓋垂音	咽頭音	声門音
閉鎖音	p		t, t’			k	q		ʔ
破擦音				c					
摩擦音		v			j	ɣ		ʕ	
接近音						w			
鼻音	m		n, n’			ŋ			
側面音			l, l’						

コリャーク語もチュクチ語同様，複統合的な膠着的言語である。その他の点においてもチュクチ語と大きな類型的類似性を示す。

〈民話〉トナカイとカワメンタイ

Qoja-ŋa	wajam-tajn-epəŋ	ku-lejv-ə-ŋ-Ø.	Kətawət
トナカイ-絶単	川-岸-沿	不完了-歩く-挿入-不完了-3単主	突然

wajam-ə-ŋqo	ilʕaq-Ø	ɣa-komŋal-lin.	‘Mej,	qoja-ŋa
川-挿入-奪	カワメンタイ-絶単	結果-叫ぶ-3単主	やあ	トナカイ-絶単

ɣəcci	ku-jeq-ə-ŋ-Ø,	wajam-tajn-epəŋ
お前(絶)	不完了-なにする-挿入-不完了-2単主	川-岸-沿

ku-lejv-ə-ŋ-Ø.’	‘ʕataw	t-ə-k-ewji-ɣili-ŋ.’
不完了-歩く-挿入-不完了-2単主	ただ	1単主-挿入-不完了-食べる-探す-不完了

‘Ekilu	ʕataw,	toʕok	mən-ə-jkəcawcet	wajam-jewəŋ.	Ɣəcci
もし	ただ	さあ	1複主願望-挿入-競走する	川-沿って	お前(絶)

qoja-ŋa	wajam-jewəŋ.	Ɣəmmo	wajam-ciko-ŋqo.	Tət
トナカイ-絶単	川-沿って	私(絶)	川-なか-奪	するように

ɣənan	qoja-ŋa	liɣi	ləŋ-ə-k	ɣəmmo	meml-ə-ciko
お前(能)	トナカイ-絶単	知ると	みなす-挿入-所	私(絶)	水-挿入-のなかで

t-ə-ku-lle-ŋ,	ɣəmmo	waca	t-ə-ja-cepŋət’o-tko-jke
1単主-挿入-不完了-行く-不完了	私(絶)	時々	1単主-挿入-未来-現われる-反復-不完了

meml-ə-ciko-ŋqo.’	Qoja-ŋa	ev-ə-ŋ,	‘Tok,	jaqam
水-挿入-なか-奪	トナカイ-絶単	いう-挿入-与	さあ	すぐに

mən-ə-jkəcawcet.’	Ilʕaq-a	qoja-ŋa
1複主願望-挿入-競走する	カワメンタイ-具(能)	トナカイ-絶単

ku-je-cenn’ucɣəŋ-ŋ-ə-ni-n.	Ilʕaq-Ø
不完了-したい-だます-したい-挿入-3単主-3単目	カワメンタイ-絶単

ɣe-lqəl-lin	wajam-ciko-jtəŋ.	Ɣa-ŋvo-len	kumŋ-ə-cij-ə-k.
結果-行く-3 単主	川-中-方向	結果-始める-3 単主	叫ぶ-挿入-強調-挿入-不定

'IlSaq-o	q-ə-jal-la-tək	qojeŋ.'	IlSaq-Ø
カワメンタイ-呼びかけ	2 主命令-挿入-来る-複-2 主	こちらに	カワメンタイ-絶単

ev-ə-ŋ,	'Muji	qoja-ŋa	məc-ca-jkəcawet-ə-ŋ.
いう-挿入-与	私達二人(絶)	トナカイ-絶単	1 双主-未来-競走する-挿入-未来

Qoja-ŋa	wajam-tajn-epəŋ.	Ɣəmmo	meml'-ə-ciko-jpəŋ.
トナカイ-絶単	川-岸-沿	私(絶)	水-挿入-中-沿

Tət	ɣəmmo	m-ə-janot-ə-k,	tuju
するように	私(絶)	1 単主願望-挿入-一番になる-挿入-1 単主願望	お前たち(絶複)

wajam-jewəŋ	miml'-ə-ciku	q-ə-tva-la-jkəne-tək.	Kitkit
川-沿って	水-挿入-のなかに	2 主命令-挿入-いる-複-不完了-2 主	やいなや

qoja-ŋa	je-vəccet-ə-ŋ-Ø	wajam-tajn-ə-k,
トナカイ-絶単	未来-見える-挿入-未来-3 単主	川-岸-挿入-所

ja-ŋvo-la-jkəne-tək	kumŋat-ə-k.	Qoja-ŋa,	ɣəmmo
未来-始める-複-不完了-2 主	叫ぶ-挿入-不定	トナカイ-絶単	私(絶)

wotənnola-jɣəm.'	Qoja-ŋa	jiv-ə-ŋ,	'Jeqəqun	ilSaq-Ø
ここにいる-1 単主	トナカイ-絶単	考える-挿入-与	なんて	カワメンタイ-絶単

n-inS-ə-qin.	VəSajok	qoja-ŋa	ev-ə-ŋ,	'Tok	cemot
属性-速い-挿入-3 単主題	後で	トナカイ-絶単	いう-挿入-与	さあ	十分だ

IlSaq-Ø	ɣəcci	janot-e-Ø.'	ƏnŋəSan
カワメンタイ-絶単	お前(絶)	一番になる-完了-3 単主	このように

ilSaq-a	qoja-ŋa	ɣe-cenn'ucɣəŋ-lin-Ø.
カワメンタイ-具(能)	トナカイ-絶単	結果-だます-3 単目-3 単主

Qin'Sat	qoja-ta	jəl-ni-n-Ø
それで	トナカイ-具(能)	与える-3 単主-3 単目-完了

ilSaq-ə-na-ŋ	acS-ə-tSul-Ø	enalvət-ə-lq-ə-ŋ.
カワメンタイ-挿入-有生単-与	脂肪-挿入-断片-絶単	勝つ-挿入-分詞-挿入-与

Ecɣi	ilSaq-in	pontə-Ø	ɣ-acS-ə-lin,	məjew
今	カワメンタイ-所有	肝臓-絶単	多い-脂肪-3 単主	なぜならば

qoj-en	acS-ə-n	ɣa-np-ə-lin-Ø	ponta-no.
トナカイ-所有	脂肪-挿入-絶単	結果-おく-挿入-3 単目-3 単主	肝臓-様態

トナカイが川岸を歩いていた。突然，川からカワメンタイが叫んだ。「やあ，トナカイよ。お前はどうして川岸を歩いているんだ？」「ただ，食べ物を探しているだけだよ。」「もしそれだけなら，川に沿って競走しようか。トナカイよ，お前は川に沿って，私は，水のなかを。トナカイ，お前に私が川のなかにいるのがわかるように，私は時々川のなかから顔を出すよ。」トナカイがいうに，「さあ，すぐに競走しよう。」カワメンタイはト

ナカイをだまそうと思った。カワメンタイは川のなかに行った。大声で(仲間のカワメンタイたちに向って)叫び始めた。「おおい，カワメンタイたちよ，こっちに来い！」カワメンタイがいうに，「私はトナカイと二人で競走しよう。トナカイは川岸を，私は水のなかを。私が勝つように，お前たちは川に沿って，水のなかにいなさい。トナカイが川岸に見えたらすぐに叫び始めなさい。「トナカイよ，私はここにいる」と。」トナカイは考えた。「なんてカワメンタイは速いんだろう。」後で，トナカイはいった。「さあ，十分だ。カワメンタイ，お前が一番になった。」このようにカワメンタイはトナカイをだましたのだった。それでトナカイは勝ったカワメンタイに脂肪のかけらをあげた。今，カワメンタイの肝臓が脂っこいのは，トナカイの脂肪を肝臓としておいたからだ。

魚も豊富なツンドラ(コリャークの第 13 ブリガードにて)

第一章　未知の「土地」への探検行

クラスノヤルスク地方
タイミル郡(旧自治管区)
クラスノヤルスク地方
エヴェンキ郡(旧自治管区)
チュクチ自治管区
旧コリャーク自治管区
マガダン州
カムチャツカ半島
サハ共和国(ヤクーチヤ)
ヤクーツク
私たちのフィールド
(詳細は地図3, 4)
クラスノヤルスク地方
シベリア
サハリン州
イルクーツク州
アムール州
ハバロフスク
地方
旧ウスチオルダ・
ブリヤート自治管区
ブリヤート
共和国
バイカル湖
ザバイカル
地方
ユダヤ自治州
沿海地方
トゥバ
共和国
旧アガ・ブリヤート
自治管区
モンゴル国
内モンゴル自治区

地図2　北東アジア

サンクトペテルブルグ
モスクワ
ヨーロッパ・ロシア
ヤマル・ネネツ
自治管区
ハンティ・マンシ
自治管区
チュメニ州
トムスク州
オムスク州
ノヴォシビルスク州
クルガン州
アルタイ地方
スヴェルドロフスク州
チェリャビンスク州
ハカシヤ
共和国

近くて遠い私たちのフィールド

本章では、いよいよ私たち二人の言語学者が、未知の「土地」にどのように分け入って行ったのかを紹介しようと思う。が、その前に、その「土地」とはどんなところなのか、なぜその「土地」をめざしたのかを少しお話しておきたい。

まずは、お手元の世界地図を広げて、本書の舞台となる地域について確認しておいていただくことにしよう（地図2）。北海道を見つけたら、そこからずっと斜め右上に向かって目をやっていただきたい。すると、千島列島と呼ばれる細長い小さな島々の連なりが北東に向かって延び、その先には大陸からゴーヤのような形の細長い半島が海に向かって突き出ているのがわかるだろう。この半島がカムチャツカ半島。恵が専門とするコリャーク語を話す民族コリャークは、このカムチャツカ半島の北半分から大陸側にかけて居住している（地図3）。

次に、このカムチャツカ半島からさらに北に、北極海まで目をやってみよう。すると、右端にベーリング海に向かって突き出し、ベーリング海峡を隔ててアラスカと隣り合っている半島があるだろう。これがチュコトカ半島である。徳司が専門とするチュクチ語を話す民族チュクチは、このチュコトカ半島から西へ広がった広大な地域に居住している（地図4）。

コリャークやチュクチが居住するこのシベリア北東部に当たる地域は、日本からは地理的に見れば、実は、アメリカやヨーロッパなどよりもずっと近い。しかしそれにもかかわらず、心理的にはずっと遠い。それは、この地域が、酷寒の土地、流刑地などといったレッテルに色塗られ、容易によそ者を寄せつけない独特なオーラを放ってきたからにほかならない。

地図３　呉人恵のコリャーク語のフィールド

地図４　呉人徳司のチュクチ語のフィールド

まずは、その「酷寒の土地」と呼ばれる気候を見てみよう。北緯六〇度を越えたこの地域は北からシベリア極北帯、シベリア亜極北帯という気候区分に属し、一般に、「ツンドラ」あるいは「森林ツンドラ」と呼ばれる植生区分に分類される。地下に一年中溶けることのない永久凍土が広がり、最も暖かい月の平均気温でさえ一〇度に達することはない。ここは、人間が居住可能な最北限である。四季を通して安定した温暖な気候に恵まれた私たち日本人にとって、このような苛酷な気候の下に生きる民族がいることを想像するのは、もちろん容易ではない。

次に心理的に遠い理由の主因である「流刑地」について見てみよう。古くはロシア帝政ロマノフ王朝時代の政治犯、ソビエト連邦時代の反革命分子、そして、卑近な例としては、第二次世界大戦末期における日本人捕虜。彼らはみな、この酷寒の地に送られ、程度の差はあれ強制労働に従事させられた。二度と故郷の地を踏むことなく、命を落とした人も数知れない。ここは、まさに歴史上、「流刑地」として名を馳せた土地である。このような恐ろしい現実から目を背けたくなるのもまた、当然のことである。

さらにこの地域に暮らす先住民族は、科学技術などのいわゆる近代文明からは遠く取り残され、政治や経済の表舞台に立つこともほとんどない。グローバル化が急速に進むなかで、私たちの関心が向きにくいこともまた、ゆえなきことではない。

しかし、だからといって、彼ら先住民たちのことが記憶のかなたに葬り去られてしまっていいかといえば、決してそうではない。彼らは、想像を絶する艱難辛苦を克服し、地球上で最も苛酷な気候条件のこの地域に通説では今から三〇〇〇年ほど前に到達し、さらには、ベーリング海峡を越えて新大陸への人類の移住・拡散の道筋をつけた、人類史上、おそらく最もチャレンジングで進取の気性に富んだ民族の一つだからである。歴史を溯って考えれば、彼らの努力なしには、新旧両大陸からなる今の世界はありえなかったともいえる。そのような視野に立って世界を俯瞰したとき初めて、私たちがこの地域の民族に注目すべき意味は自ずと明らかになる。

コリャークとチュクチはいずれも、海岸地域に定住し、海獣猟やサケ・マス漁をはじめとする漁業に従事する人々と、内陸のツンドラ地帯でトナカイ遊牧に従事する人々に大きく分かれる。彼らの自然環境への適応戦略の真骨頂は、その複合的な生業形態にある。たとえば、私たちが調査対象としたトナカイ遊牧民コリャークやチュクチたちは、トナカイ遊牧を主たる生業としながらも、漁労、狩猟、植物採集などを相互補完的に組み合わせ、自然資源を満遍なく利用している。これは、単一の生業に依存することによって引き起こされる食料枯渇の危険性を回避し、年間を通じて常時、食料を確保できるようにしておくための巧みな適応戦略にほかならない。もちろん、近代的といわれるような暮らしとは程遠いが、いわゆる近代的な「科学技術」とは縁遠い人々がどのように厳しい自然環境を自家薬籠中のものとして手懐けてきたのかを示す、それは一つのきわめて見事な生きざまである。

新旧両大陸の「橋渡し」的言語

コリャークとチュクチの魅力は、その生業形態だけではない。一般にはあまり知られていないが、彼らの言語も実はきわめて魅力的であり、専門家の間では類型論的に興味深い言語として、特にチュクチ語を代表に、これまでもしばしば引き合いに出されてきた。

その第一の魅力は、これらの言語の「古さ」にある。一般にコリャーク語とチュクチ語が属するチュクチ・カムチャツカ語族は、さらに、エスキモー・アリュート語族、ユカギール語、ケット語、ニヴフ語といった周辺の言語とともに「古アジア諸語」という言語グループに分類されている。古アジア諸語に属するこれらの言語や語族は互いに系統的にも類型的にも異なっており、言語的な類似性でひとまとめにしようとすることには無理がある。実際、通常、言語の分類で系統も類型も異なる言語同士を一つの名称のもとに括ることはない。しかし、古アジア諸語の場合には、シベリア北東部で古くから話されていた言語であるという地理的・歴史的事情からひとまとめにされている。古アジア諸語の「古」はまさにそのことを物語っている。

古アジア諸語のこのような命名の背景をうかがい知るには、北アジアの言語分布図を眺めて見るのがいい(口絵地図2)。すると、古アジア諸語が、広範囲に分布しているウラル語族、ツングース語族、チュルク語族といったほかの語族の狭間あるいは周縁部に分布していることがわかるだろう。このような分布のしかたは、古アジア諸語が新たにこの地域に進出してきたツングース語族やチュルク語族の言語、さらに新しくはロシア語などの大言語に等しく吸収され、辺境に吹きだまりのようにして追いやられてきた結果として捉えることができる。

古アジア諸語を同化吸収してきたと考えられるツングース系の言語にしろ、チュルク系の言語にしろ、かつては日本語との同系性が「アルタイ語族」という形で主張されていた時代があることからもうかがわれるように、日本語から見れば、それほど風変わりな言語というのではない。しかし、古アジア諸語は、こうした新しく進出してきた言語とは似ても似つかない構造的な特異性を持っている。もちろん、そのことはコリャーク語やチュクチ語にも当てはまる。このようなユニークさが実は、それらの言語の古さゆえであるということが、なによりも言語学者を惹きつけてやまない魅力なのである。世界の言語地図が、大言語に塗りこめられ、小言語は日に日に縮小のかなたに追いやられていくなかで、言語が本来、示しうる幅の広さを示してくれるのは、このような古い言語でもある。

コリャーク語やチュクチ語の持つ第二の魅力とは、これらの言語が、旧大陸だけではなく、新大陸の言語とも多くの共通点を持っているという点である。コリャーク語とチュクチ語は、旧大陸側では最も北東かつ最も新大陸に近い地域で話されている言語である。旧大陸側から見れば、たしかに最も辺境で話されている言語ということになる。しかし、新大陸までを視野に入れて見るならば、これらの言語はちょうど旧大陸と新大陸の真ん中に位置している。そして、このような地理的位置は、それぞれの言語の特徴にも反映している。すなわち、これらの言語は、旧大陸にありながら新大陸の諸言語とも似たさまざまな特徴を持っているのである。そのため、これらの言語は、「新旧両大陸の橋渡し的言語」「新旧両大陸の要的言語」（渡辺　一九九二）などと呼ばれることもある、言語学的に見れば、実はきわめて重要な言語である。

ちなみに、コリャークとチュクチは、神話などにも新大陸のインディアンのそれとの高い類似性が認められるために、新大陸にいったん移動した民族が再び旧大陸に戻ってきてこの地域に住みついたものとして、「シベリアのアメリカノイド」（Jochelson 1928）と呼ばれることもある。

消滅の危機に瀕した今こそ

しかし、このような言語学的な重要性とは裏腹に、コリャーク語もチュクチ語も一般にはもちろんのこと、言語学の世界でもあまり知られていない。さらに、程度の違いこそあれ、いずれも危機に瀕しており、その全容が十分に知られないまま消滅していってしまう可能性がある。

一六世紀、帝政ロシアが逼迫した社会・経済状況を打開するために始めたシベリア開発は、ソビエト政権へと体制が変わっても続行され、先住民にはかりしれない社会的、経済的、文化的脅威を与え続けてきた。

言語も文化の一側面、いや、環境認識をつかさどるという意味で文化をその根底で支えているものであってみれば、やはりそのような脅威から無縁でいられるはずはなかった。シベリア先住民の言語は、民族語保護政策が推進されたソ連時代初期までは、それなりに高い母語率を保持していた。ところが、正常な母語習得の場である親元から子どもたちを隔離する寄宿学校制、学校教育法へのロシア語と民族語の自由選択制（ひいては民族語による教育原則の帳消し）の導入など、ロシア語同化政策が強化されるようになると、民族語の母語率は著しく低下した。ペレストロイカによるソビエト政権の崩壊後、言語をはじめとする民族文化の復興がようやく叫ばれるようになったものの、そのための具体的方策もないままに、ロシア語への同化は強まるばかりというのが現状である。そしてその背景には、経済の論理が先行する社会のなかで先住民がますます困窮に追い込まれ、加えてアルコール中毒、結核などの病弊に蝕まれているという苛酷な現実がある。コリャーク語やチュクチ語が母語として残されていく可能性はますます狭められている。残酷ないい方かもしれないが、おそらくそのスピードを押しとどめることはもはや不可能であろう。しかし、母語話者が一人でも生きている限り、これらの言語について少しでも多くの記録を残しておくことが、私たち言語学者の責任であることはいうまでもない。

第一節　コリヤーク――町から村へ、村からツンドラへ

空の交通手段

私(惠)のコリャーク語調査のフィールドは、カムチャツカ半島北部ではなく、対岸のマガダン州のセヴェロ・エヴェンスク地区を中心とした地域である。マガダン州の州都マガダンを皮切りに、年ごとに私の調査地は北上し、ついには、セヴェロ・エヴェンスク地区のなかでも最北のトナカイ遊牧キャンプにまでたどり着いてしまった。とはいえ、私のコリャーク語研究は、最初から前人未踏の土地をめざしていたわけではない。未知の言語の記述に主眼をおいた調査にとってまず必要なのは、その言語を母語として流暢に話せる話者である。もちろん、それに加えて、母語に対する優れた内省力や、調査者の持っている問題意識に対する深い洞察力などがあればいうことはない。しかし、このような能力は、むしろ調査のなかでこそ徐々に開発されていくもので、最初から備わっているような都合のいいものではない。

したがって、とりあえずは流暢な母語話者さえ見つかれば、それが大都会のアパートの一室であろうと、ツン

ドラのまん真ん中であろうと、言語調査は成立する。ところが、私の場合、そのような話者を求めていくうちに、はからずもシベリアを南から北へと奥地に分け入っていかざるをえなくなったのである。本物の「探検家」でもあるまいし、もしすぐに流暢な母語話者さえ見つかっていれば、そんな苦労を自分から買って出たはずはない。

そして、この北上になくてはならなかったのが、もちろん、「足」である。しかし、「足」といっても、日本でのように、自動車や電車というわけにはいかない。日本とロシア、そしてロシア国内の都市をつなぐ飛行機を手始めに、小型プロペラ機、ヘリコプター、トラックやトラクター、装甲車、スノーモービルにモーターボート、はたまたトナカイ橇(そり)と、現地の人たちにとってさえアクセスの非常に悪いこの地域にたどり着くために、そのときどきに考えうる可能な「足」はすべて利用したといっても過言ではない。シベリアでの二〇回を超える現地調査を振り返るとき、調査そのもののことよりもまずは調査地にたどり着くまでの道中のことが蘇ってくるのは、それらの「足」にまつわる思い出があまりに強烈なためである。

そこで、言語調査の少々堅苦しい話に入る前に、私をシベリアの奥地まで運んで行ってくれたさまざまな「足」についてのエピソードをここで紹介し、まずは一筋縄ではいかない調査行の雰囲気を感じていただくことにしよう。

とはいえ、「足」にまつわるエピソードは枚挙にいとまがない。おそらく調査に出かけるたびになにかしらハプニングが起こり、それに一喜一憂してきたといっても言い過ぎではない。そのどれもが、我々日本人の常識を超えた「とんでもない」話だが、紙数の制限のため、ここではそのほんの一端を紹介するにとどめる。

まずは、日本から現地までの道順を、地図を見ながらたどってみよう(地図5)。日本からまず、ハバロフスクあるいはウラジオストクに飛ばなければならない。今では、これらの都市にたどり着くのが大変厄介になってしまったが、私の暮らす富山から数年前まではロシア極東入口の都市ウラジオストクへの直行便が飛んでいた。ま

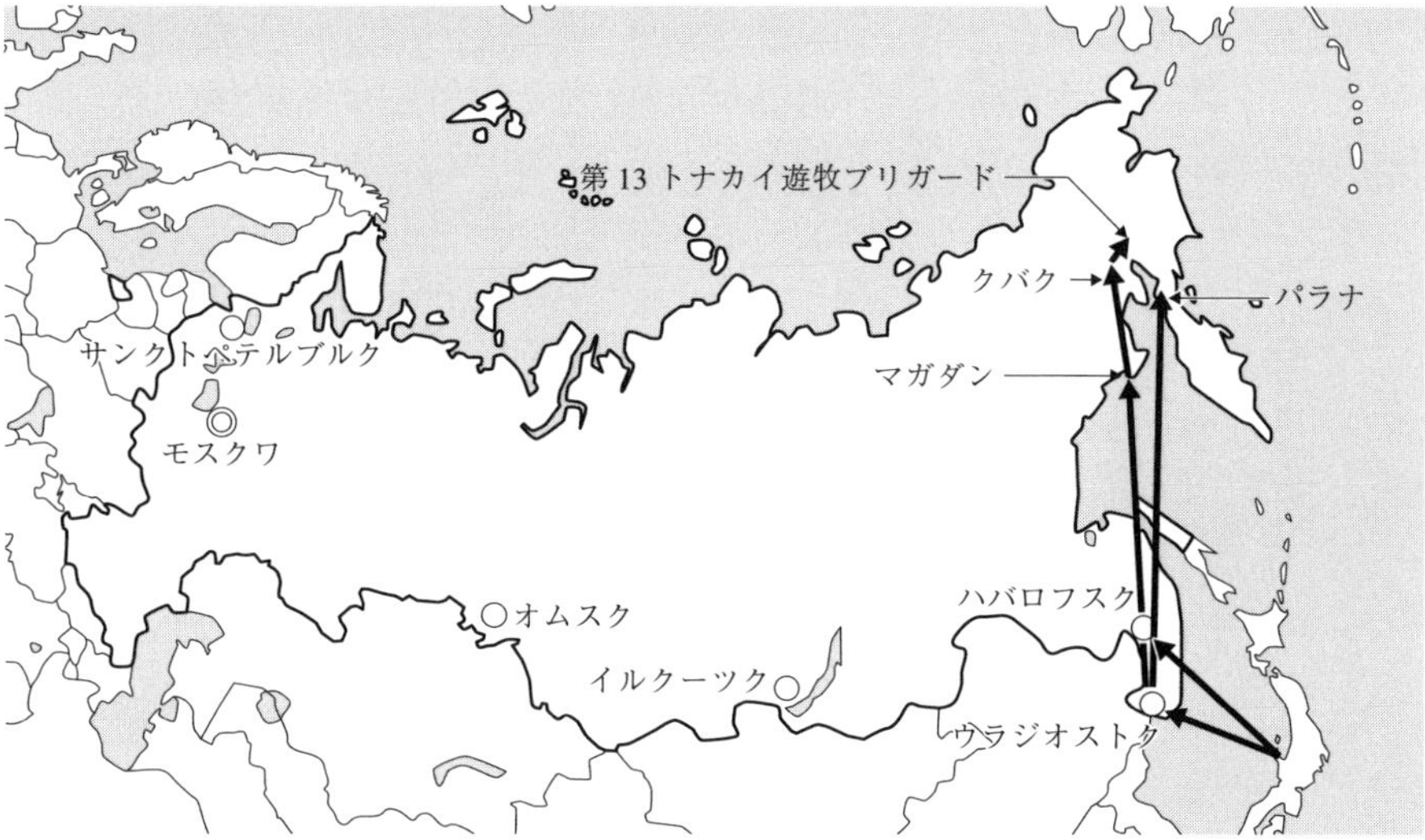

地図５　呉人恵の現地までの行程（©T-worldatlas をもとに作成）

た、新潟からはウラジオストクだけでなく、ハバロフスクへの直行便もあった。それらの町からはさらに、飛行機を乗り換え、コリャーク語調査の入り口であるマガダンに飛ぶ。ハバロフスクからは二時間、ウラジオストクからは三時間の距離だが、その間に気候は一変する。特にそのことが実感されるのが、夏である。太陽がカッと照りつける真夏のハバロフスクかウラジオストクからマガダンに着くと、そこは日本でいえば晩秋の気候である。夏とは名ばかりで、空港に降り立ったらすぐに暖かいジャケットを着込まないとならない。そのうえ、マガダンは日照時間が少なく、たいていはどんよりと曇っている。この街に来ると、ああ、とうとう今年もまたフィールドに「来てしまった」なあと思うのが常である。正直なところ、私の通ってきたフィールドは、心躍る場所というには程遠い。「えいや！」とそのネガティブな思いを振り払い、フィールドに入って行くのである。

　コリャークの暮らす地域に入るには、このマガダンからプロペラ機に乗って行かなければならない。そして、さらに、トナカイ遊牧の生業が営まれている地域には、ヘリコプター（写真1）、トラクター（写真2〜4）、トラック（写真12・13）、モーターボート（写真5）、スノーモービル（写真6・7）、トナカイ橇（写真16〜19）など、その時そのとき、可能な交通手段を利用しないとたどり着けない。つまり、調査をするということ以前に、それらの交通手段を「運よく」確保し、時間的ロスをできるだけ少なくしてコリャークの居住地にたどり着くことできるかどうかが、実は調査行の成功の大きな鍵を握っているのである。

さて、飛行機の話から始めよう。飛行機は私たち日本人にとっても身近だが、シベリアで飛行機に乗るとなると、日本でのようなわけにはいかない。日本とロシアを結ぶ国際線のダイヤが乱れることこそほとんどないが、ロシアに入国し、いったん航路をシベリアに向けたが最後、悪天候による遅延が頻繁に起こる。シベリアでは、飛行機の二日三日の遅延はいつも計算に入れて行動していた方が精神衛生上よい。その方が、予定通りに飛べたときに、なんだかとっても得した気がするものだ。しかし、遅延が起こるのは天候のせいだけではない。チケットをちゃんと買っておいた飛行機に、なんと「飛行機会社倒産のために」乗れなかった経験が二度もある。どちらも、ツンドラでのきつい調査を終え、トラクターやらトラックやらボートやらを乗り継いでなんとか町に戻り、さあ、いよいよ帰れるぞ！と喜び勇んでマガダン空港に着いた途端、そのことを知らされた。そのうえ、代わりの飛行機は一週間後と畳みかけられたのだから、たまらない。自由主義国となった今でも、相変わらず、サービス精神のなんたるかをどこかにおき忘れてきたような官僚主義的態度のロシア人たちは、悪びれたようすもなく、あの堂々たる体躯からそんな最後通牒をシャーシャーと言い渡すのである。はらわたは煮えくりかえるが、私のつたないロシア語ではやり返すすべもなく、せいぜい泣きべそをかくだけだった。

空の便は、さらに僻地に行けば行くほど、そのご機嫌はますますはかりがたく、大いに振り回されるはめになる。シベリアのフィールドに入ったら、夢ゆめ「足」に気を抜いてはいけない。

そんなフィールドワークの諸々にもようやく慣れてきた一〇年ほど前のことである。私は、春休みを利用して、

写真１　第 13 トナカイ遊牧ブリガードに降り立ったヘリコプター

写真２　第 13 トナカイ遊牧ブリガードに向かうトラクター

写真３　クレスティキに向かうトラクター

写真４　荷台を連結したトラクター

写真５　モーターボート

写真７　スノーモービル(2)

写真６　スノーモービル(1)

新たなフィールドを開拓すべく大胆な計画に出た。上述のとおり、コリャークは、カムチャツカ半島の北部から対岸の大陸側のマガダン州セヴェロ・エヴェンスク地区にかけて居住している。いつもならウラジオストクかハバロフスクから直接マガダンに飛び、そこからさらにセヴェロ・エヴェンスク地区の調査地に入っていく。しかし、そのときは、まずはウラジオストク経由でカムチャツカに回り、旧コリャーク自治管区の中心地パラナを訪ねた後、再びウラジオに戻って、そこからマガダン、さらに調査地のエヴェンスク村へと北上して行ったのである。カムチャツカ半島の北部にあるパラナと、そのいわば大陸側の対岸にあるエヴェンスク村はオホーツク海をひとっ飛びすれば、おそらく一時間ほどの距離である。しかし、残念ながら直行便はない。トナカイ橇でなら行けるといわれ心が動いたが、一か月はかかると言われ諦めた結果、そのような大回りの旅をするはめになったのである。

通算八回も飛行機やらプロペラ機やらを乗り継いでエヴェンスクにたどり着いた。驚くべきことに、一度もどこでも遅れが出なかった。そのうえ、その日、降り立ったエヴェンスクは雲一つない快晴。どうぞ飛んでくださいといわんばかりの理想的な空なのだった。そこで私は「よしよし、今までさんざん苦労したもんなあ。たまにはこんな風に飛んでくれないと困るんだよなあ」などとひとりごちつつ、あまりの運のよさについつい口元がほころんでくるのを禁じえないのだった。

ところが、天候はその後、見るみる崩れて行き、一〇日ほどの調査期間中、ついぞお日様が顔を出すことはなかった。そして、出発を予定していた日には大吹雪が吹き荒れ、とうとう飛行機は欠航となってしまった。翌日もその翌日もそのまた翌日も、吹雪は一向に収まる気配はない。調査のノートを開けたり閉じたり、一時間おきに空港に電話したり、窓から空模様を眺めたりしながら一喜一憂していたが、とうとう長期戦になりそうだと観念して、まずは食料を確保しようとパンを買いに表に出た。せっかちな私にとって、飛ぶかもしれないけど、でも、飛ばないかもしれないというような宙ぶらりんな状態に耐えることは、拷問に等しい。

ところが、空港の近くのパン屋から出てくると、どこからか突然、「メグミー、メグミー！　早く〜！」と知り合いのコリャークのおじさんの叫ぶ声が聞こえるではないか。急に雲間が晴れたその一瞬を捉えて飛ぶことになったそうで、見ると、乗客たちはすでに何事もなかったように滑走路をプロペラ機に向かって歩いているではないか。ようやく私は呑気にパンなど買っている場合ではないことを悟った。息も絶えだえ、大慌てで荷物をまとめて空港に飛んでいくと、一〇人乗りの「アンノシカ」と呼ばれる小型プロペラ機の翼は大風にあおられてバクバクと波打っている（写真8）。私がどんな面持ちで飛行機に乗り込んだかは想像にかたくないだろう。しかし、それだけではない。プロペラ機の最前列を陣取ったのは、なんと、全員、手錠をはめられたコリャークの若者だったのである。何の罪でマガダンに送られるのかはわからなかったが、村は治安が悪く、酔った若者たちによる傷害事件が後を絶たなかった。

というわけで、シベリアのフィールドでは、宙ぶらりんな状態を楽しんでしまえる遊び心、自分の命を預けてしまえる潔さ、どんな事態も平然と受け入れられるタフな神経など、およそ日本の日常では必要とされない「特殊」能力の開発が不可欠である。

犬といっしょに、ヴェルフ・パレニという内陸のコリャークの集落に飛んだこともある。ロシアで飛行機に乗ると、隣の座席にかごに入れられたアヒルがすわって（？）いたり、誰かのペットの犬を乗客が代わるがわる抱いたり、からかったりしていることも珍しくない。ついでに言うならば、スチュワーデスたちは暇になると、後部座席を陣取って世間話に花を咲かせるし、乱気流くらいでは予告もしない。機内は臭いし、黒ずみ汚れたシートベルトはきっとロシア人の大きなお腹を締めていたのだろう、ゆるゆるに垂れたままである。日本人の私から見れば、この近代的な乗り物ですら、ありえないことだらけなのである。しかし、このヴェルフ・パレニへの飛行

写真８　プロペラ機アンノシカ（左が呉人　恵）

機ほど仰天したものはない。

　このときは、ヴェルフ・パレニでひと夏、サケ漁をするというロシア人とコリャークとエヴェンの一行がチャーターしたアンノシカに便乗することになった。前から行ってみたい集落だったので、乗せてやると言われ、もちろん断る手はない。喜び勇んで乗り込んだ。ところが、アンノシカのなかには、ひと夏分の食料やらテントやら衣類やらが天井に届かんばかりにうずたかく積まれていて、どこにすわったらいいのかもわからない。途方に暮れていると、「早く、どこでもいいから空いた場所を見つけて、天井から下がっているロープにつかまれ！」と急かされた。たしかに、見上げると天井のあちこちから吊革ならぬロープがぶら下がっている。そのロープにつかまり、なんとか出口付近に場所を見つけて腰を下ろすと、すぐ横にコリャークの大きな飼い犬が乗り込んできた。

ことわっておくが、私は犬猫に弱い。猫に比べれば犬の方がまだいいが、モンゴルだのシベリアだの生物の多様性だのと言っているくせに、実は人間以外の動物の大半はこわい。犬好きの娘にせびられてやっとの思いで柴犬を熊本は天草から送ってもらって飼っているが、甘噛みなどされようものなら、いまだにびびって即座に手を引っ込めてしまう。前代未聞のせわしない犬なので、時に叱ろうとするのだが、こちらがびびっているものだから、完全になめられている。そんな私が荷物や人でごった返したアンノシカで犬と隣り合わせたのである。

私は隣に乗り込んできた犬に触れないように体をずらし、見つめられないように視線を反らしてすわりなおした。荷物やら、人やら、犬やらで、重量オーバーになったアンノシカはついぞ空高く上昇することもなくゆっさゆっさと重たげに低空飛行を続け、ヴェルフ・パレニになんとかたどり着いた。犬は、犬嫌いの女が隣とあっては、どこにもつかまる？すべもなかっただろう。着陸のときの揺れで、体勢を崩して私に倒れかかり、ついでにズボンに嘔吐してくれたのである(写真9～11)。

蛇足ながら、その後、私たちはパレニ川を溯って、コリャークのフィッシング・キャンプに向かったのだが、そのとき、モーターボートを操縦していたのは、酔っぱらいのコリャークだった。彼のおかげで、目的地に着くまで、ボートは何度浅瀬に乗り上げてしまったことか。やれやれ、シベリアでは「足」には心休まるときがない。その出来事から学んだのは、シベリアのフィールドでは、しらふの人間だけでなく、酔っぱらいとも、動物ともちゃんと仲良くしなければならないという教訓である。

陸の交通手段

いつもの調査地であるエヴェンスクの村から遠出をして、タポロフカという集落に出かけたことがある。タポ

写真９　ツンドラには犬がいっぱい(1)

写真10　ツンドラには犬がいっぱい(2)

写真11　ツンドラには犬がいっぱい(3)

ロフカはカムチャツカ半島と大陸のちょうど真ん中に小さく突き出したタイガノス半島にあるコリャークの集落である。そこのコリャーク語が、それまで私が調査してきた方言とは少し違うことに前々から気づいていた私は、ぜひ一度この集落を訪ねて調査して、その方言的な位置付けを画定したいと思っていた。

そのとき、やっと見つけた「足」はトラックである(写真12)。ぼさぼさの髪を肩まで伸ばし、キリストかと見まごう深遠たる風貌のロシア人の運転手は、しかし、ついこの間まで大酒を食らっていたのだという。真冬に酔っぱらって表をふらついていて凍傷にかかったのさといって見せてくれた左手には、小指と薬指がない。これでタバコも吸えば、運転もするのである。なにしろ、一〇月に友だちの家に酒を飲みに出かけ、家に帰ってきたのは翌年の三月だったというのだから、その大酒飲みぶりは押して知るべしである。しかし、なんとかして小銭を稼ぎたい彼は、今は禁酒しているから大丈夫と何度も太鼓判を押す。ええい、背に腹は代えられない。コンサルタントのおばさんから、最近、タポロフカ出身のあるコリャークが亡くなって、コリャーク式の葬式が執り行われるそうだから、ぜひ行って見るといいとも言われていた。私は彼に命を預けることにした。

出発の日。私は助手席に乗り込んだ。見ると、いつのまにか五、六人のコリャークがトラックの幌のない荷台に乗り込んできて、涼しい顔をしているではないか(写真13)。こういうとき、日本人はセコい。「またかっ！　なんで私が雇ったトラックにただ乗りするんだよお」と心の雄叫びをあげるのである。しかし、こんな論理がツンドラで通用するわけはない。乗るスペースさえあれば、誰の車であるか、誰がお金を払っているのかなどにはかかわらず、乗っていいのである。もちろん、逆の立場になったら、コリャークが私を乗せてくれることは疑いがない。

それにしても、季節は一月、ツンドラは一年で一番寒いときである。屋外はマイナス三〇度あるいはそれ以上の凍てつく寒さである。そのうえ、トラックは走っているのだから、その寒さたるや想像してあまりある。さら

写真 12　タポロフカ行きに備えてトラックを整備する

写真 13　幌のないトラックの荷台に乗ったコリャーク

に運の悪いことに、私たちは途中、雪道で方向を見失い迷ってしまい、ぐるぐると二時間あまり同じ場所を回っていたのである。無銭乗車されたとはいえ、さすがにコリャークたちが気の毒になってきた。運転手に「あのコリャークの兄ちゃんたち、ちゃんと生きているかなあ?」と尋ねてみた。すると、「大丈夫、生きている!」とやけに確信に満ちた答えが返ってきた。少し目が宙を浮いているような気もしないではなかったが……。真冬の凍った川の上に文字通り寝そべりながら、日がな一日魚釣りをしているコリャークを見たことがあったが、いやはや、コリャークの耐寒性の高さは半端ではないとあらためて驚き入った。

タポロフカには、晩遅くに着いた。わずか八〇キロほどの距離だが、一二時間以上かかったことになる。コリャークたちの無事を確認しようと思い、トラックの横で見ていると、一番最後に長い木箱が下ろされた。「この箱はなに?」とコリャークたちに尋ねると、返ってきたのは、「明日焼かれる本人が入っているのさ」という平然とした答えだった。ええええっ?! ということは、私は一二時間以上も死人と同じトラックに揺られていたのか。なのに、運転手は、「大丈夫、全員生きている!」なんていって私を煙に巻いたのか。シベリアのフィールドでは、生きている人とだけでなく、死んだ人とも「共生」?しなければならないという教訓である(写真14)。

ツンドラ奥地のクレスティキという集落で、なぜか川辺に打ち捨てられていたおそらく古い小型バスかなにかの箱の部分だろう、それをトラクターにくくり付けて最北のトナカイ遊牧キャンプに向かったことがあった。この地域はとりわけ寒く、一〇月始め、本格的な冬の訪れを前にすでに、マイナス三〇度を超えている。コリャークたちがやけに念入りに箱のなかにも寝られるスペースやストーブをしつらえているなと思っていたら、案の定、総勢一〇人ほどがドヤドヤと乗り込んできた。生後数か月の乳飲み子を抱えた若い母親も、コリャーク式オムツである干したコケを山のように背負って乗り込んできた。忘れられないのは、その母親が私の持っていた日本製の歯磨き粉に興味を示すので、少し分けてあげると、「なんて美味しそうないいにおい!」といって、そのまま

写真14　トラックで運んできたコリャークの火葬（タポロフカにて）

パクッと食べてしまったことだ。

トナカイ遊牧キャンプまでは一二〇キロの距離である。地面はすでに雪に覆われているとはいえ、潅木や石だらけの道なき道は、その振動たるや半端ではない。体が解体しそうになりながら、ようやく二日ほどかけて半道中まで来たとき、「悲劇」は起こった。川を渡っていて、川底の石にはまって動けなくなったのだ。前後にもがけばもがくほど、車輪はどんどん深みにはまってしまい、とうとうまったく動けなくなってしまった（写真15）。こうして私たちは丸々一週間、吹きさらしの川のまん真んなかに立ち往生した。最初のうち、ちょろちょろ流れていた川は、見るみる凍って行った。鉄製の「バス」はストーブを焚くとあっという間にむんむんするほど暑くなるのに、消すと瞬く間に冷えてしまう。その寒さたるや半端ではない。こんなとき、もちろん私はまったくの無能である。バスの片隅に丸くなって、ひたすらバスが川から抜け出せる日を祈るぐらいしか能がない。しかし、コリャークたちは違う。少しも動じるようすもなく、一人は助けを呼ぶために、徒歩でもと来た道を引き返した。

写真15　川の真んなかで立ち往生する「バス」

男たちは薪狩りやハンティングに出かけ、女たちは男たちの狩ってきた雷鳥をさばいたり、お茶を沸かしたりストーブに薪を切らさないようにした。そんなとき、私の心のなかには自然とコリャークに対する尊敬の念が湧きあがってくるのだった。「ツンドラに行っては、コリャークに従え」とは、私がこのとき学んだ最大の教訓である。

コリャークの伝統的な陸上交通手段といえば、いうまでもなく、トナカイ橇である（写真16〜19）。考えてみれば、ツンドラで一番容易かつ確実に確保できる「足」は、このトナカイ橇である。トナカイ二頭で牽かせる橇の部分は、カバノキやナナカンバなどをそれぞれの木の性質に応じて巧みに組み合わせてつくられており、灌木類の多い地面の凹凸に柔軟に形を変えながらすばやく対応するために、各部位は革紐で結び付けられている。ツンドラではどんな気候でもどんな地形でも、トナカイ橇は一番安全で確実な乗り物なのだ。このトナカイ橇には大いに助けられた。二〇〇一年の九月から翌年の三月までの六か月間、私はセヴェロ・エヴェンスク地区最北のコリャークの居住地であるクレスティキ・トナカイ遊牧基地に滞在した。この長期滞在のために、私はマガダンにあ

写真16　トナカイ橇(1)

るロシア科学アカデミーを通じて招待状を入手し、学術調査目的のビザを取得していた。しかし、ビザは三か月までが期限で、そのあとは更新しなければならなかった。フィールドに入る前に私は科学アカデミーの研究員といっしょに入管に出向き、代わりにその研究員がビザ更新をしてくれることで許可を取り付けた。

ところが、フィールドに入って三か月ほどたった一二月のある日、私は、突然、無線で「自分でビザの延長に来い！」と呼び出されたのである。ああ、これぞ、ロシア！　お役人にとって、いったん出した許可を取り下げるくらい朝飯前なのだ。しかし、命じられた通りにする以外、ほかにどんな方法があるだろうか？

とはいえ、こんな奥地まで来てしまったからには、もう飛行機だ、プロペラ機、トラックだなどと贅沢はいっていられない。例の手づくりバスを走らせるための余分なガソリンもない。結局、私たちはトナカイ橇のキャラバンを組んで、出発することに決めた。しかし、折悪くマイナス六〇度を超える日が続いていた。マイナス六〇度の寒さというのをどのように説明したらいいだろう。まつ毛が凍って瞬きするたびに両瞼がくっついてしまい、息は空気中でぱちぱちと音を立てて結晶になる。少しでも皮膚を外気にさらすと、まるで焼けたナイフを当てられたような痛みが走り、

写真 17　トナカイ橇(2)

写真 18　トナカイ橇(3)

写真19　アヤトギーニンさんにつかまり，いざ出発（橇の後ろに乗ったのが私，恵）

凍傷にかかってしまう。どんなに厚着をして表に出ても、二分もすれば体全体が冷え切ってしまい、立っていられなくなる。さすがのコリャークたちもこの気温ではどこにも行かない。数日後、ようやくマイナス四〇度になったので出発した。マイナス六〇度からマイナス四〇度になると、「ああ、暖かくなったなあ！」と感じるから不思議である。

私は御者のアヤトギーニンさんにつかまり、橇の後部に乗った（写真19）。持っている限りの暖かい服の上に厚いダウンを重ね着し、さらにそのうえからトナカイ毛皮の上着とズボンを身に付け、仕上げにこれらを覆うように大きな布製のパーカーをはおった。毛皮の帽子を被り、顔は目以外はすべて覆った。足には、毛足の長いトナカイ毛皮でできた靴下、さらにそのうえにやはりトナカイ毛皮のブーツを履いた。面白いのは、裸足で履くようにいわれたことだ。指が自由に動かせた方が血液の循環がよくなるので、凍傷にかかりにくいのである。手袋ももちろん、トナカイ毛皮でできたものである。それでも、マイナス四〇度の屋外を何時間も橇に揺られていると、寒さが骨身に突き刺さるように感じられるのだった。我慢しきれずに、「おじさん、寒い！」とアヤトギーニンさんに訴えると、「じゃあ、橇から降りて暖を取ろう」といった。なんのことかと思っていると、アヤトギーニンさんは、「さあ、ここからしばらく歩いて行くんだ。これがツンドラ式の一番簡単な暖の取り方だ」と教えてくれた。全身、トナカイ毛皮に包まれた重たい体で雪道をのっそのっそと歩いていると、なるほど体がしだいにぽかぽかと暖まってくるのだった。

こんな重装備では、用を足すのも命がけだった。そもそも手袋を脱いだら瞬く間に凍えてしまうから、手袋はつけたまま、敏速に着脱しなければならない。しかし、これだけ重ね着していたら、それがどんなに大変か容易に想像できるだろう。冬のツンドラでは、お茶を飲むのにも危険が伴う。あるとき、焚火を燃やして一休みしようということになった。お茶が飲みたくなった。琺瑯(ほうろう)びきのカップを口につけた途端、カップが唇に張り付いた。あわや口裂け女の大惨事だった。

五日間かけて、私たちはマガダンにプロペラ機が飛んでいるクバクという村になんとかたどり着いた。その間、凍った大きな湖を横切り、銀色に凍てつく雪山を登り降りしながら、延々とツンドラを走り抜けたが、不思議と恐怖を感じなかったのは、ひとえにアヤトギーニンさんの沈着冷静な手綱さばきのおかげだった。

第二節　チュクチ――モンゴルからチュコトカへのはるかな旅

モンゴル草原での少年時代

私（徳司）のチュクチ語の初めてのフィールドワークは、一九九二年七月初めに遡る。その年、私は北極海に面する北東シベリア最北の町ペヴェクをめざして、初めて札幌から新潟、新潟からハバロフスク、ハバロフスクから北東シベリアへの入り口の町マガダンへと飛んだのだった（地図6）。期待に胸を膨らませて、といいたいところだが、正直なところ、反対に不安で胸がしめつけられそうな気分だった。中国で生まれ育った私は、ロシアという国にある種いうにいわれぬ恐怖感や不信感を植え付けられていた。そんなロシアの、はたまた最北の地にこれから一か月も出かけようとしているのだ。知り合いもおらず、ロシア語もほとんど知らないまま。なんて無謀なことを始めようとしているのだ！　そんな想いが飛行機のなかで何度も脳裏をよぎった。しかし、後悔先に立たず……。

思えば、ここまでの道のりには紆余曲折があった。私は中国内モンゴル自治区フブート・シャル旗という草原

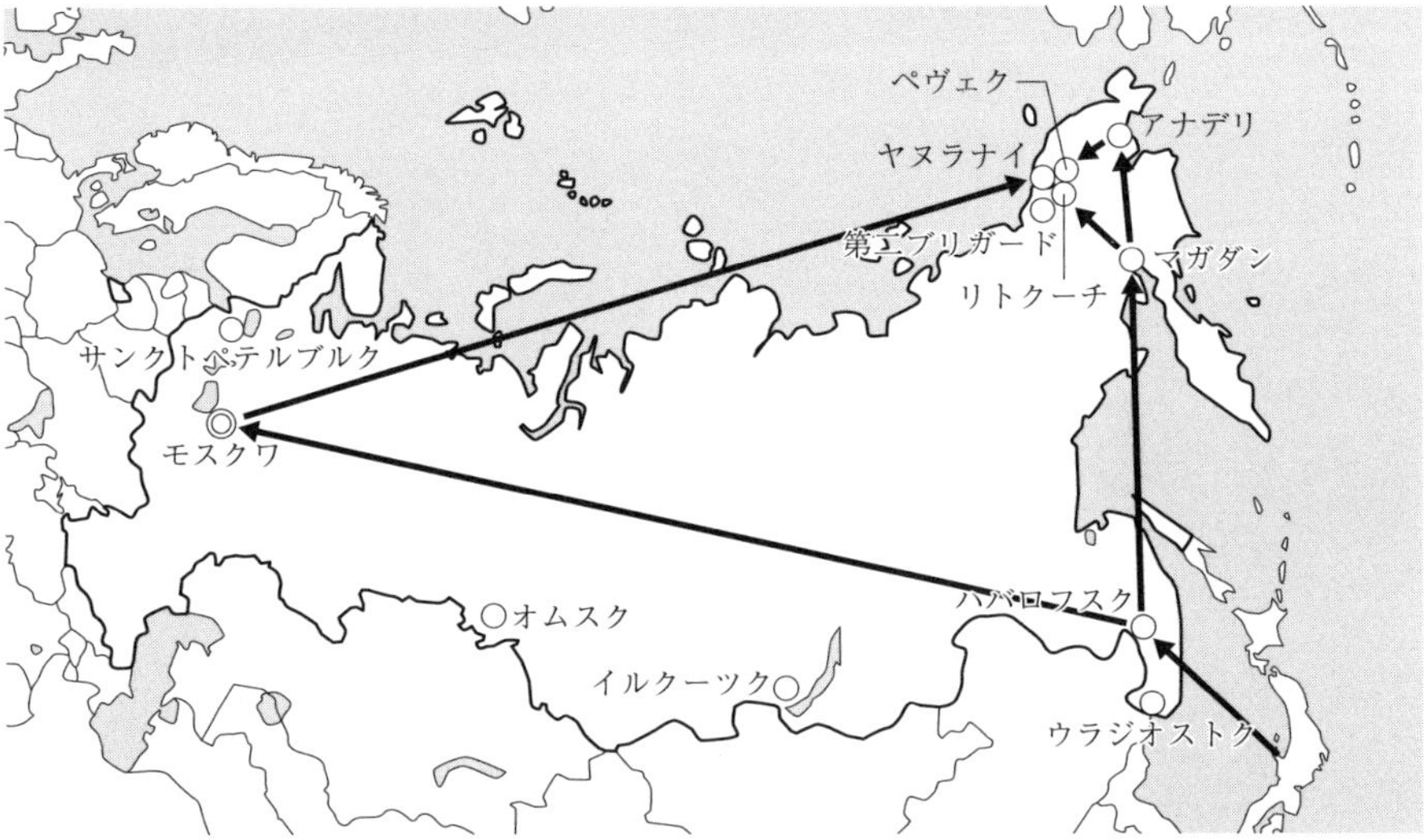

地図６　呉人徳司の現地までの行程（©T-worldatlas をもとに作成）

で生まれ育ったモンゴル人である。実家ではヒツジ、ヤギ、ウシ、ウマ、ラクダを飼っており、幼いころは家畜とともに移動する遊牧生活を送っていた。草原で生まれ育ったモンゴル人なら誰でもそうするように、私もまた小さいころから家畜の世話をまかされ、その労働のなかで体力や忍耐力を養ってきた。姉のお下がりの花柄のブラウスを黒く染め直してもらって学校に着て行ったり、何重にもつぎの当ててあるズボンを履かされたりと、物質的には恵まれたというのにはほど遠かったが、それでも自分ではそれなりに豊かな子ども時代を過ごしたと思っている。質素な子ども時代を豊かに彩ってくれた本とモンゴル相撲のおかげである。

草原で育ったにもかかわらず本好きだったのには、父と叔父の影響がある。父は放牧のかたわら、新華書店のフブート・シャル旗支部に勤めており、荷馬車にモンゴル語の本を積んで草原の家々や学校に売って歩いていた。私は夏休みになると父についていき、販売の手伝いをした。道中は牛車の荷台にすわって、売り物の本を読みふけった（写真20）。

写真20　モンゴルの牛車

叔父は内モンゴル自治区の総合文学雑誌「ウヌル・チェチェグ（花的草原）」の編集長を長年務め、内モンゴル作家協会副主席でもある作家リグデンである。叔父は私が一二歳のときに父を亡くして以来、父に代わって私をサポートしてくれた人である。この叔父が実家を出るときに、たくさんの本を残して行ってくれたのである。

こうして私は、父の売っていた本や、叔父が残していった本に囲まれて育った。テレビやこれといった娯楽もない草原で、私にとって手当たりしだいに読める本があることは、なによりの喜びだった。今でも覚えているのは、たしか小学校三年生のときに初めて読んだチンギス汗の一代記『元朝秘史』である。モンゴル国の著名なモンゴル文学者ダムディンスレンが現代語訳したこの本は、古いモンゴル人の名前がたくさん出てきて、筋を追うのもやっとだったが、それでもわくわくしながら読み進めたのを覚えている。モンゴル国から出た『牧民に与える教え』という牧畜についての本も読んだ。小学校も高学年になると、『西遊記』『三国志』『水滸伝』など、中国文学のモンゴル語訳をむさぼり読んだ。

写真21　内蒙古大学のモンゴル相撲大会(右が私)

私は小学校のころから、家から離れた寄宿舎で暮らしていた。夏休みに家に帰ると、いつも仔ヒツジや仔ウシの群れの世話をいいつけられたが、往復一〇キロある放牧の道々も本を読みながら歩いた。母に火を焚きつけるための牛糞を牛小屋から取ってくるように言われて、そのまま小屋に座り込んで本を読みふけってしまい、大目玉を食ったことも一度や二度ではない。「本を読んでいる暇があったら放牧に行って来い！」といって育ててくれた親のおかげで、かえって本が大好きになった、文字通りの本の虫である。そして、叔父の書く詩や小説に大いに感化され、大学ではモンゴル文学を学びたいと思っていた。

その一方で、スポーツも大好きだった。特に、モンゴル相撲は中学、高校、大学と続けるほど夢中になり、夏になると、草原で開かれるあちこちのナーダム(モンゴルの伝統的なスポーツ祭)に出かけて行った(写真21)。一九八四年のフブート・シャル旗のナーダムでは、五一二人の力士によるトーナメントがおこなわれたが、私は二回戦まで勝ち抜き、三回戦でその大会で優勝した力士に負けた。翌年の隣旗の試合では、三回戦まで勝ち抜き上位六四人に残ったが、四回戦で中国相撲の国家チャンピオンと当たってしまい敗退した。内モンゴル大学に進学してからは、チャンピオンに一回、準チャピオンに二回なった。

高校を卒業して大学に入るために、内モンゴル自治区の区都であるフフホトに生まれて初めて出てきたときには、あきれるほどの田舎者だった。なにしろ、バナナというものを食べたのも初めてなら、洗濯機というものを目にするのも初めてだったのだから。洗濯機がぐるぐると回転しているのを見たときには、本当に驚いた。

そんな私が、内モンゴル大学そして大学院でモンゴル語学を学び、その後、来日して北海道大学大学院に進学した。少しは札幌の都会の生活にも慣れたかにも見えた頃、どうしたことか、またしても、モンゴルよりもさらに辺境の地シベリアに一人で出発しようとしているのだった。

内モンゴル自治区は、北に隣接する独立のモンゴル国とは異なり、中華人民共和国が一九四七年に設置したモンゴル族の自治区である。名称はこのように「内モンゴル」とされているものの、実際には自治区の総人口二四〇〇万人の八〇パーセントは漢族が占めており、モンゴル族は四〇〇万人を数えるにすぎない。都市部ではモンゴル語離れ、ひいては中国語への同化が急速に進んでおり、若者の大半はモンゴル語を「聞けばわかるが、話せない」状況になっている。家庭のなかで親どうしが話すモンゴル語を耳にしても、一歩外に出れば漢族に囲まれ、中国語を使用せざるをえないためである。

伝統的なモンゴルの暮らしが残っているはずの草原にも、電気が引かれ、大きな道路や鉄道ができて、人々の暮らしは大きく変容しつつある。

後述するチュクチのおかれているさらに深刻な状況とは比べようもないにしても、小さな民族が政治的・経済的に優勢な大民族に飲み込まれていく事態には、決して他人事とは思えないものがある。故郷を離れ、日本で暮らすようになって早二五年近くの歳月が流れたが、故郷のおかれている状況に心を痛めない日はない。そんな私の生い立ちが、もしかしたら、チュクチという辺境の民族を呼び寄せたのかもしれないとも思う。

空・海・陸から見放されて

そんな私がどのようにしてフィールドに入り、念願のコンサルタントを見つけ出したかについては第二章で詳しくお話しするとして、ここでは私自身が初めてフィールドに入った当時のようすについてお話ししておきたい。

恵がコリャーク語のフィールドワークの際の「足」にまつわるきわめてシベリア的苦労話を紹介しているが、私のフィールドでももちろん同様のとんでもないできごとにしばしば遭遇した。チュクチの居住地は、コリャークのそれよりさらに北の、いわゆる極北シベリアに位置している。「足」の確保がさらに大変だったことも、容易に想像がつくだろう。

初めてフィールドに入った一九九二年当時は、ペレストロイカが始まって間もないころであったが、中央から遠く隔絶された極北シベリアは経済状況が年々厳しさを増し、中央からまさに見捨てられたような印象さえあった。私の通っていた村でも賃金の未払いが常態になっていたため、かつて高い給料を約束されてやってきたロシア人、ウクライナ人などの白系の人々は、家具など金目の荷物をコンテナに積め込み、港に接岸する船に託して故郷(彼らがいう「大陸 materik」)へ送り返し、自分たちも村を次々に後にしていた。このようなロシア人の故郷へのUターンにより、チュクチ自治管区の全人口は半減したともいわれている。一方、どこにも逃げ場のない先住民であるチュクチたちにとっては、ツンドラや海からとれる自然資源が生き残りのための唯一の頼みの綱だった。またたく間に終わってしまう短い夏の間中、真夜中まで明るい白夜を利用して、夜を徹した海や川でのフィッシング、ツンドラでのベリーやキノコ摘み、野生トナカイ狩りなどで「越冬」準備に追われていたチュクチたちの姿は、今でも目に焼きついている。

このように経済的に困窮した極北地域の状況が、「足」の確保にも影響を与えていることはいうまでもない。鉄道のない広大な極北の移動にいちばん頼りになるはずの飛行機が、天候不順を理由にしばしば予定を変更するのは、この地域の気候条件を考えればやむをえないことである。夏の間にかぎって、時刻表らしきものがつくられることはつくられるのだが、悪天候による飛行中止に加えて、ペレストロイカ以降は深刻な心配の種がもう一つ増えた。すなわち、飛行機の燃料不足である。燃料が極端に不足しているために予告もなしに突然、出発直前になって飛行機が飛ばなくなるだけではない。飛び立った飛行機がやはり燃料切れのために経由地で立ち往生し、延々と燃料の交渉に入ってしまうこともよくあった。かといって、それに代わる陸や海の交通手段がそうそう簡単に確保できるわけでもなかった。

空、海、陸すべての交通手段に見放され、フィールドの村に入れなくなってしまった二〇〇〇年の八月のことをお話ししよう。マガダンから二週間に一回だけ飛ぶ三〇人乗りのプロペラ機に乗り、チュクチ自治管区の中心地アナデリに着いた。そして、その一週間後、再び同じく二週間に一便というプロペラ機にタイミングよく乗ることができ、ペヴェクに飛んできた。ペヴェクは北極海に面しており、気温は夏でも三~四度くらいにしかならない。とはいっても、半年前の二月に来たときにはマイナス五〇度を経験したので、それに比べたらずいぶんましだと思った。

ここまでの移動はたとえ二週間に一回の定期便であれ、そこそこ順調だった。だが、問題はこの後に起きた。ペヴェクから一二〇キロ離れた私のフィールドであるリトクーチ村にたどり着くことが、いつもながら最大の難関だったが、この年はとりわけ大変だったのである(写真22)。

写真22　ヘリコプターから見た６月のリトクーチ村

ペヴェク空港の係員に、「村へ飛ぶ予定のヘリコプターはないか？」と聞くと、こんな答えが返ってきた。「今、燃料がほとんど底をついてしまっているので、飛ぶ確率はきわめて低い。ヘリコプターは三つの緊急事態にかぎって飛ぶことになっている。一つ目は村かツンドラの遊牧地で病人が出た場合、二つ目は火事が起きた場合、そして三つ目は緊急物資を運ぶ場合だ。この三つの緊急事態のどれかが起きない限り、飛ばないだろう」と。もちろん病人や火事を期待して待っているわけにはいかない。私は観念して、今度は港に行き、船員に「村へ石炭を運んでいく予定の船はないか？」と尋ねてみた。すると、「明日もう一回来てくれ。そしたら船がいつあるかわかるから」という返事だった。ペヴェクの町のホテルに身を寄せ、ようすを見ることにした。翌日、もう一度港に行って尋ねてみると、「村に行く船は一週間後の予定だ。しかし、それもお天気しだい。強風で海が荒れたら、出航しない」とすげない答え。ヘリコプターばかりか、船も当てにならないことを思い知らされた。

いよいよ、最後の手段に当たってみるしかなくなった。それは、夏のツンドラを走れる唯一の乗り物ベズジホート(装甲車)である。ベズジホートだと、リトクーチ村までは丸一日かかる。「最後の手段」というのにはわけがある。意外に思われるかもしれないが、ツンドラでは実は、陸上の交通手段が一番リスクを伴うのだ。ツンドラの凹凸の激しい道なき道を走らなければならないため、故障は頻繁に起こるし、道に迷ってしまうことも多い。そのうえ、ペヴェクからリトクーチ村に行く途中には川幅六、七〇メートルはあるかと思われる巨大な川が横たわり、行く手をふさいでいる。ベズジホートは文字通り水中を渡って行かなければならないので、水が車内に入ったが最後、水没の危険が待っている。正直、できればこんなリスクはどうしても避けたかったが、ほかになんの交通手段もないのだから、仕方ない。勇気を出して、世話になっている文化局の責任者に聞いてみた。すると、「文化局のベズジホートは村に行って壊れてしまい、修理が終わらず、まだ戻ってきていない」との答え。

とうとう空、海、陸すべての交通手段から見放されてしまった。リトクーチ村行きはあきらめるしかなかった。最悪の事態に陥った。私は「もうこうなったら、電話で調査するしかない」と腹をくくった。そして、翌朝、ホテルの廊下の片隅においてある電話から調査相手のチュクチ人女性に電話して事情を説明し、早速、調査に入ることにした。ところが、無線電話のせいか回線が非常に悪く、向こうの声がときどき途切れ途切れにしか聞こえてこない。この日は、朝二時間、昼一時間、夜一時間、計四時間、電話機のこちら側と向こう側とで大声で叫び合いながらの調査だった。お互いの顔が見えない分、適度な緊張感があり、集中して聞き取り調査をすることができたのは、予想外だった。皮肉なことだが、その数年の調査では一番収穫が多かったかもしれない。

ちなみに、ペヴェクとリトクーチは同じ行政区域内にあるため、四時間話しても電話代はタダだった。この僻地の小さな町で、私の身のうえに起きたささやかな幸運だった。

極北大回りの旅

ところが、これだけで丸く収まらないのがシベリアである。ペヴェクからチュクチ自治管区の中心地アナデリまでは、飛行時間にして二時間足らずの距離である。飛行機さえ頻繁に飛んでくれれば、それほど心を悩ますような距離ではない。「火事場の馬鹿力」の電話調査を終えて帰国する前に、アナデリに戻ってどうしても片付けなければならない仕事があった。ところが、飛行機は一〇日後にしか飛ばないという。ロシアでの滞在期間はあと二週間を残すだけとなっていた。一〇日も飛行機を無為に待っているわけにはいかない。ここでも再び、「火事場の馬鹿力」が威力を発揮した。そう、私は、なんと、まず八時間かけてペヴェクからはるか西のかなたのモスクワに飛んで行き、そこから再び八時間かけてシベリア北東部の町アナデリに戻ってくるという極北大回りの旅を敢行したのである。

ところが、翌日、空港に行くと、今度は「モスクワからの飛行機は経由地で立ち往生しているので、ここに到着するのは早くても明日になる」といわれた。経由地で燃料補給をすぐにしてもらえず、交渉が長引いているとのことだった。

やっとのことで出発できたのは二日後だった。モスクワからは、すぐにアナデリ行きの飛行機に飛び乗った。あちこちでの交渉のストレス、調査地のリトクーチ村に入れなかった悔しさ、長時間に及ぶ飛行、時差ボケなどからくる疲労はもう頂点に達していた。

シベリアでの旅は、予定をたてないにかぎる。それが、このとき、私が学んだ最大の教訓だった。なお、行き先の違うヘリコプターに乗り込み、ツンドラのまん真ん中で一人降ろされてしまった別のエピソードについては、後述することにする。

札束をバックパックに詰め込んで

すでに言及されていることだが、ロシアでは、六〇年以上続いたソ連共産党による一党独裁政治が、一九八〇年代から始まったペレストロイカを契機に崩壊し、自由主義経済に移行した。私が初めてロシアにフィールド調査で出かけた一九九二年は、共産主義から自由主義への移行期の真っただなかで、経済状況も政治状況もきわめて不安定だった。エリツィンが進めた市場重視の抜本的な経済改革は、結果的にロシア経済を破綻させ、貧困層が数百万人規模に拡大するという大きな痛みを伴うものだった。長年、政治的な理由で外国人には閉ざされていたシベリアの辺境の扉も、ペレストロイカによりようやく開かれた。だが、その解放の代償は、想像以上に重く、外国人である私たちの身のうえにもいやがうえにものしかかってきた。

当時のインフレーションのようすは恵も後述するとおりであるが、私ももちろん同様の目に遭遇している。一九九二年、私は、ペヴェクに向かう前にシベリアへの入り口ハバロフスクで両替をしようと思い銀行に行った。両替といっても、わずか三万円ほどの金額である。ロシアの昔からの銀行は日本のようなオープンな空間ではない。内部がいくつかのブースに仕切られており、さらに銀行員と客の間のカウンターから上はガラスで隔てられている。そしてカウンターの真ん中部分に両側からお金のやりとりができるような窪みがつくられているのである。ところが、ガラス越しに見える銀行員の女性はひたすらお金を数えており、待てども待てども、一向にルーブルを渡してくれる気配がない。待つこと、小一時間。銀行員は、ようやくその窪みから次から次へと札束をこちらに向かってほおり投げ始めた。ようやく三万円の代わりに手にしたのは、私が持っていた中型のバッグに収まりきれない札束の山だった。

この中型バッグ以外に私が持っていたのは、鍵もないバックパックだけだった。この大きな札束を安全にしまう場所がほかに見当たらなかったので、結局、バックパックの一番上に詰め込んでチェックイン・カウンターで預けた。マガダンそしてペヴェクの空港で札束の無事を確かめるたびに、ほっと胸をなでおろしたものだった。

所持金を盗まれたことも何度もある。一度は、モスクワからペヴェクに向かう飛行機のチケットを買うために、空港に向かって歩いていたときだ。前を行く図体の大きいロシア人がお金を落とした。しかし、私には関係ないと思い、そのまま傍らを通り過ぎようとしたときのことだ。急にそのロシア人が寄ってきて、お金が足りない、近くにいたのはお前だけなので、所持金を全部出して数えさせてくれ、お前はいくら持っていたのだ?とたたみかけてきた。その立派な図体に圧倒されて、持っていた金額を告げ思わず、全額を差し出した。すると、男は目にも止まらぬ速さで札を数え、「ああ、大丈夫。取ったのはお前じゃないな」といって、札を返してくれた(と、そのときは思った)。ところが、チケットを買おうとあらためてお金を数えてみると、一〇〇ドル札が全部抜き取られていたことに気がついた。

残った一〇ドル、一ドル紙幣をなんとかかき集めてチケットを買い、飛行機に飛び乗った。所持金はほぼないに等しかった。しかし、そんな外国人を、チュクチの人々は優しく迎えてくれた。現地に着いた私は、すぐに調査相手のチュクチ女性に事情を話した。すると、何か月も給料が払われていないために自分もお金がないのに、あちこちから借金してお金をかき集め、私の生活費を捻出してくれたのである。

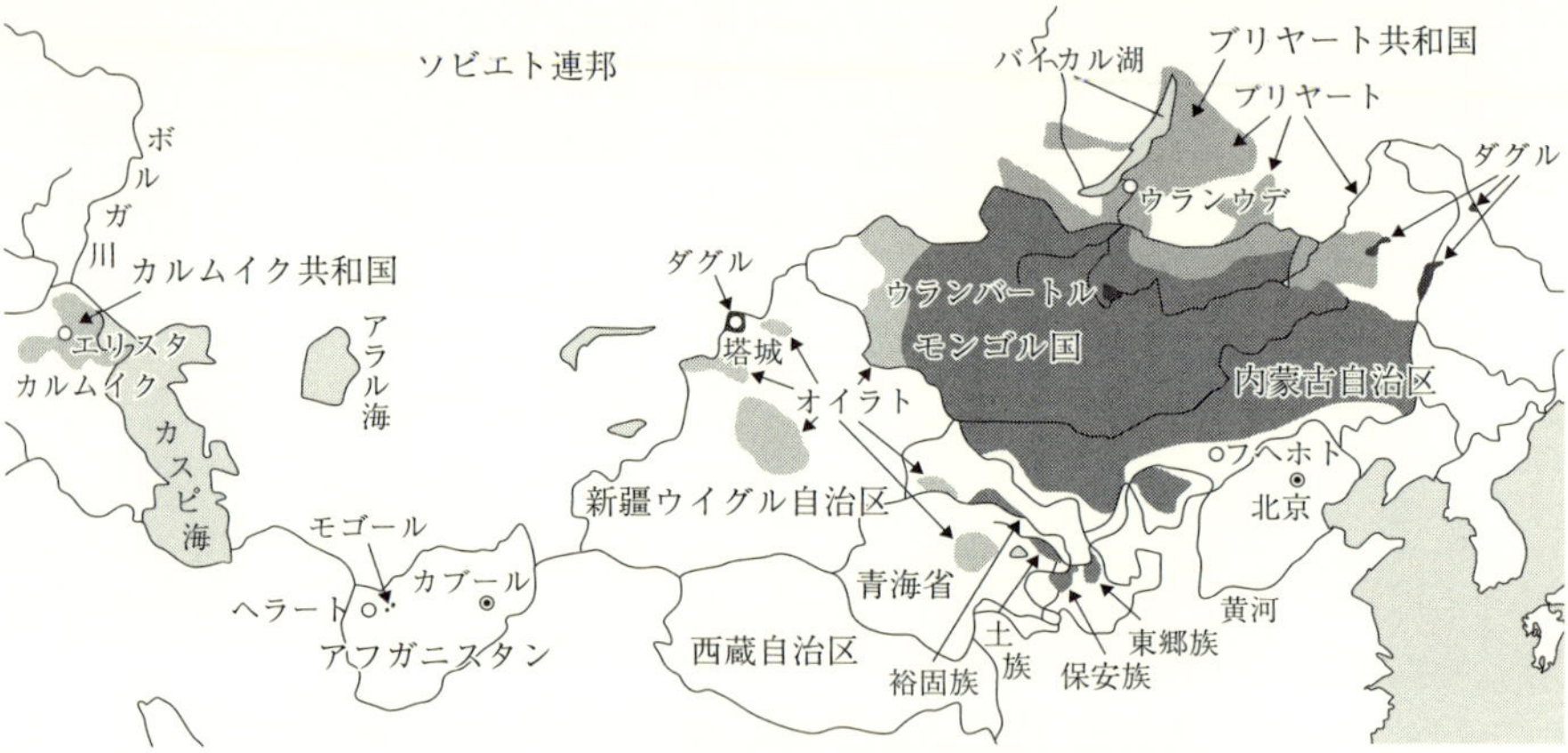

地図7　ブリヤート語の分布域（亀井等編著［1992］を参考に作成）

食料不足に直面する

私の一九九二年から始まる初期の調査は、リトクーチとペヴェク空港をはさんだ北側にあるヤヌラナイという二つの村が対象となった。

後述するように、ヤヌラナイ村では、ロシア語もチュクチ語も知らない私を偶然に出会ったブリヤートの女性が助けてくれた。どこに行っても、さっぱりことばが通じず、調査の相手を確保するのも、店で食料を買うのもままならない私が、ようやくなんとか意思疎通できる人に出会ったのだ。ちなみにブリヤート語は、主にバイカル湖周辺ならびに内モンゴル東北部で話されているモンゴル語族のなかの一言語である（地図7）。私のモンゴル語チャハル方言とは、おそらく東北弁と関西弁くらいの違いはあるが、意思疎通は可能である。運よく彼らの家に居候させてもらえることになり、彼らの紹介でチュクチ老人からの聞き取り調査を始めることができた。

しかし、この村では食料不足というもう一つの問題に直面した。店に行ってもお茶、砂糖、パン、バターしか手に入らなかっただけでなく、これらも配給制で月々決まった量しか買うことができなかった。

あるとき、ついに店からすべての食料が消え去ってしまった。再び食料が買えるようになるまでの丸々一週間というもの、私たちは毎日、ツンドラで採ったキノコだけで食いつないだ。鉄の胃袋を自負していた私の胃腸も、とうとう悲鳴をあげた。ヤヌラナイ村周辺には川がなく、魚が捕れなかったことが、食料不足をいっそう深刻にしたのである。

一方、リトクーチ村はすぐ近くに大きな川が流れており、夏にはサケがよく捕れたのが幸いした。しかし、こちらも配給で買える食料にはかぎりがある。私は調査相手のおばさんの家に居候させてもらっていたが、彼女はよく、漁から戻ってくる船を待って海岸をうろうろしているようにといって、私を海岸に行かせたものだった。案の定、心優しいチュクチの漁師たちは、外国人の私に同情してくれ、ときどき、捕ってきたばかりのサケを分けてくれるのだった。

アル中男との同居

私を海岸に行かせたおばさんは、ゲウトワリさんという初老の女性だった(写真23)。彼女はチュクチ語が堪能なだけでなく、チュクチの文化にも詳しく、優れた民話の語り手でもあった。チュクチはコリャークに比べて話者人口が多いとはいえ、彼女のような母語話者はそうそう簡単に見つかるものではなかった。私は彼女の家に居候しながら、調査をすることになった。ゲウトワリさんは村の小さなアパートの二階で息子アリョーシャと二人暮らしだった。三つ部屋があり、私にはそのうち端の一部屋が当てがわれた。ゲウトワリさんはその反対側の端の部屋。そして真ん中の部屋は、アリョーシャの部屋だった。

アリョーシャは大工仕事をして生計を立てていた。腕のいい大工だったが、残念なことに大酒飲みだった。毎朝、しらふで颯爽と仕事に出かけていくのだが、帰ってくるときにはいつも酔っぱらっていた。深夜、私が調査

写真 23　ゲウトワリさん

で集めたデータを整理していると、決まって隣の部屋からアリョーシャの具合の悪そうなうめき声が聞こえてくるのだった。

さらに困ったことに、アリョーシャはしばしば私に金をせびってきた。「トゥグース、フショー！（トクス、これで最後だ）」といっては私から金を巻き上げ、そして、あくる日も懲りもせずに金の無心にやってきた。金はもちろん、すべてウォッカ代に消えてしまった。困った私は知り合いに相談した。すると、その人は、アリョーシャは「フショー（これで最後）」ではなく、「イショー（まだもっと）」といっているのさ、といって肩をすくめた。

アリョーシャは、母親であるゲウトワリさんにもしばしば金をせびった。あるとき、無一文のゲウトワリさんは気まずそうに私にいった。「息子に金をせびられているけど、一文なしさ。トゥグース、悪いけれど、調査の謝礼を前借りしてもいいかい？」しかたなく、私が金を渡すと、彼女は「ほら、これを持って、とっととどこへでも行け！」と吐き捨てるようにいうと、その金をアリョーシャのベッドの上に叩きつけた。

シベリアの多くのアル中の先住民たちが決して幸せな最期を迎えないのと同様に、アリョーシャもまた悲惨な死に方をした。夜ごとにうめき声をあげていた真ん中の部屋で、何者かに殺されたというのは、その後、伝え聞いた話である。

アパートを警察が包囲する

居候していたアパートが銃を持った警官によって包囲されたこともある。忘れもしない一九九四年の八月のどんより曇った肌寒い朝のことだ。リトクーチ村は北極海に続くチャウンスキー湾の入り江に面しており、その日も海の方から冷たい強風が吹き込んできていた。日本では夏真っ盛りだというのに、ここでは今にも雪が落ちてきそうな空模様だった。

アパートには、アリョーシャばかりでなく、ゲウトワリさんも留守だった。実は二人ともどこかに酒を飲みに行ってしまい、私はもうかれこれ一週間もほっておかれていた。そのようすを知って同情した一階のチュクチ女性がときどきささやかな食べ物を届けてくれたが、それ以外には食事もままならなかった。ゲウトワリさんの帰りを待って、一人きりで彼女が語ってくれた民話資料の整理をする毎日に不安になり始めたときのことだ。

疲れて散歩に出かけ、しばらくして戻ってくると、恐ろしい光景が私を待ち受けていた。アパートの階段を上っていると、知り合いのチュクチ男性がゲウトワリさんの部屋の戸口に立って私を見下ろし、目配せするようにしていった。「トゥグース！　俺の家に行ってお茶でも飲んでいろ」。あらためて何ごとかと見上げると、彼の横には斧とナイフを手にした恐ろしい形相のロシア人の大男が立っていた。ただごとではない気配を感じ、慌てて踵を返し、階段を転げるように駆け下りた。その知り合いのチュクチの家に避難していると、しばらくして彼が戻ってきて、いった。「トゥグース、もう大丈夫だ。家に帰れ」

家に帰ってしばらくすると、今度はこの悪天候のなか、ヘリコプターのうなる音が聞こえた。何ごとかと思って窓越しに表を見ると、今、着陸したばかりのヘリコプターから防弾チョッキに銃を構えた警官たちがいっせいに降りてきて、アパートを四方から取り囲むようにして近づいてきたのだ。私の恐怖が頂点に達したことはいうまでもない。

後で聞いた話によれば、そのロシア人の大男は酒に酔った勢いで人を斧で叩き殺してしまい、隣村から逃げて来たらしい。そして、知り合いのチュクチ男性に会って、いっしょに逃げ場を探していたらしい。男が私たちのアパートにいるのを警察が通報によって知り、ヘリコプターで飛んできたのだった。幸いなことに、そのロシア人はアパートの隣にある倉庫に逃げ込んだ。警官たちはその倉庫をこじ開けて彼を引きずり出し、血だらけになるまで銃で叩きのめして、ヘリコプターで連れ去った。

このような場所が、私がフィールドとして選んだ(あるいは選んでしまった)場所だった。「チュクチ語を学びたい！」という想いが脆弱なものだったら、すぐに逃げ出してしまってもおかしくないような、それは殺伐とした場所だった。

第二章　未知の言語との遭遇

言語をフィールドワークする意味

第一章で述べたように、道中で遭遇したさまざまな「艱難辛苦」を乗り越えて、それぞれの未知の「土地」にたどり着いた私たちを待っていたのは、コリャーク語とチュクチ語という未知の言語との格闘であった。果たして、この二つの言語は、想像以上の難物であった。しかし、難物だからこそ取り組み甲斐があったし、そこから得られる発見の喜びもひとしおだったといえる。マイナーな言語で、情報を交換したりして協力し合える研究者がほとんどいないということが心細く思われた反面、自分が一人でその言語の未知の「領域」に立ち向かっているのだという胸の高まりがあったことも事実である。

コリャーク語やチュクチ語を研究する背景や意義については、すでに第一章で紹介したので、以下では、それぞれのフィールドワークについてお話しする前提として、私たちフィールド言語学者の仕事がどのようなものかを簡単に紹介しておくことにしよう。

フィールド言語学とは、文字通り、フィールドワークを基本とする言語学である。すなわち、ある言語（できれば、これまで十分な記述がなく、その姿が明らかになっていない言語）が話されているコミュニティに行き、話者から聞き取り調査によってその言語のデータを集め、分析し、文法、テキスト、辞書からなる包括的な記述をおこなう。とりわけ、これまで文法書も辞書もテキストも刊行されておらず、研究の蓄積が少ない言語にとって、この三点セットは、その言語を知るために最も基本的な手がかりとなる。

このように未知の言語を記述し、文法書や辞書を後世に残すという仕事は、研究者という個人にとっても、社会にとっても、次のような重要な意味がある。

言語とはなにかを学ぶ最良の方法であるから

　言語学の裾野が拡大し、どんなに多彩でスマートな理論研究が現われても、言語全体をバランスよく理解するためには、フィールド言語学に匹敵する方法はない。言語学の最も基本的な分野は、いうまでもなく、言語それ自体の仕組みを解明する音声学、音韻論、形態論、統語論、意味論、語用論などの分野であるが、これまで十分な記述がおこなわれていない言語に取り組むフィールド言語学者には、これらすべての分野にわたるオールラウンドな分析能力が求められる。これらの分野はデータの扱い方や分析方法も相互に異なるので、フィールド言語学者はフィールドワークを通じてそのすべてにわたるスキルを磨くことになる。現代の言語学は、「私は音韻論者」「私は統語論者」と、専門が一つの分野に特化しがちである。しかし、言語というものはそもそも音声、形態、統語、意味のレベルがバラバラにそれぞれ自律的に成り立っているものではない。これらはすべて相互に関連し合いながら、言語という一つの複雑かつ精緻な体系をつくり上げている。その基本に立ち返れば、真に言語を理解しようと思うならば、音声を聞き取るというところから始めて、形態、統語へと一つずつ丹念にその言語に対する理解を積み上げていくのが最良の方法である。ちなみに、現代を代表する言語学の巨匠、R・M・W・ディクソンは、フィールドワークの面倒を避けて直接、理論研究に向かおうとする言語学者を揶揄して、「絵本かせいぜい動物園でしか動物を観察しないでいて、その動物あるいは動物一般の性質や習性について語ろうとする生物学者のようなものだ」との皮肉たっぷりの苦言を呈している(Dixon 2010 : 2-3)。

　もちろん、だからといって、フィールド言語学者が理論研究にまったく無関心でいいというわけはない。言語の具体と理論はむしろ表裏一体のものである。具体と理論の間を行きつ戻りつするプロセスなくして、記述の精緻化と理論の堅牢化はありえない。

さらに付け加えるならば、その言語が話されているコミュニティで現地調査をおこない、話者たちの暮らしを目の当たりにし、ときには参与することで、言語の背景にある文化への関心も高まり、言語を文化のコンテキストのなかで捉える視点が養われる。

純粋に知的好奇心を満足させてくれるから

フィールドワークのなかで、これまで知られていなかった言語現象に遭遇し、その底に潜む原理を探り当てることは、おそらく言語学者にとって最も原初的な喜びである。もちろん、たとえば、日本語のように研究の蓄積が多く、たいていの分野は研究の手が入っているような言語を研究していても、発見の喜びを味わうことはできる。しかし、未知の言語を対象とした場合には、誰も足を踏み入れたことのない大平原で一塊の美しい鉱石を掘り当てるのに等しい、より純粋で素朴な喜びを得ることが可能になる。

言語学者の社会的責任であるから

一般に知られていない言語は多くの場合、同時に消滅の危機にも瀕している。したがって、そのような言語を記述することは、単に知的好奇心を満たしてくれるだけではなく、言語学者としての社会的責任にも目覚めさせてくれる。ちなみに、多くのフィールド言語学者が言語の復興や記録保存の重要性を訴えていることは周知の事実である。とはいえ、ときに誤解されることもあるようだが、危機言語を研究対象とする言語学者がその言語を救うことを第一の目的にフィールドワークをしているというのは、正しくない。前項でも述べたように、言語学者には、一般的には、まずは言語そのものに対する強い好奇心と関心が出発点にあり、研究の過程で、その言語ひいてはその言語の話者に対する敬意が生まれてくるものである。そしてそこで初めて、そのような貴重な言語をなんとか保存する手立てはないだろうかとの思いにいたるのである。消滅の危機に晒されている緊急性の高い言語に対して、これは自己中心的なスタンスだと思われるかもしれない。しかし、反対に言語そのものに対する関心や愛着のない保存活動は、我々言語学者から見れば、所詮、空虚な絵空事である。

以上のことは、私たちのコリャーク語やチュクチ語のフィールドワークにも当てはまる。私たちは、音声の記述から始めるフィールド言語学を志して、コリャーク語やチュクチ語をそれぞれ研究対象に選んだ。そして、前述のとおり、それぞれ単独行のフィールドワークでときには心細い思いをしながらも、言語の鉱脈を掘り当てる楽しさに夢中になってきた。そして、そのなかでコリャーク語やチュクチ語が言語学的に貴重な言語であることを実感し、なんとかして記録に残しておきたいと願うようになった。

ただし、ここで一つだけ断っておきたいことがある。それは、コリャーク語とチュクチ語は決して研究の蓄積がまったくない言語ではないということである。その意味では、私たちはいきなり空白の地に降り立ったフィールド言語学者ではない。コリャーク語、チュクチ語には断続的にではあるが、かれこれ一〇〇年に及ぶ研究の歴史がある。

チュクチ・カムチャツカ語族研究に先鞭を付けたのは、ロシア人V・ボゴラスである。ボゴラスは、北米の人類学者F・ボアズがアメリカ自然誌博物館の援助をえて組織したジェサップ北太平洋探検隊にロシア側から参加し、チュクチ語、コリャーク語、イテリメン語のフィールドワークをおこなって、『チュクチ』（一九二二）を書いている。その後、ソビエト時代に入ると、少数民族語の文字化と少数民族語による教育が国家事業となり、コリャーク語ではステブニツキー、モール、ジューコヴァ、チュクチ語ではスコーリクなどがフィールドワークに基づいた辞書や文法書などを刊行している。なかでも特筆すべき業績は、前者ではジューコヴァの『コリャーク語文法』（一九七二）、『ロシア語・コリャーク語辞典』（一九六七）、後者ではスコーリクの『チュクチ語文法』

（一九六一、一九七七）、スコーリク編『ロシア語・チュクチ語辞典』（一九四一）である。

これらの記述によって、両言語についての情報は飛躍的に拡大した。なかでも、チュクチ語の記述が、ロシア国内外の、とりわけ類型論者の関心を惹き付けてきたことは周知の事実である。

しかし、これらの先行研究は、音声、音韻、文法のどのレベルにおいても、再解釈され、書き換えられる余地がまだまだたくさん残っている。たとえば、音声的事実を音韻論的に解釈し抽象化するやりかた、ある文法現象を分析する際の視点のおき方やアプローチの角度などを観察していると、偉そうなことをいうようだが、私にでももっと整理して提示できるぞ！と思わせるところが多々ある。そのうえ、これらの文法書には統語論という、形態論と並んで文法の柱をなす重要な記述が欠落している。これらの先行研究では気づかれていない新たな現象が、今後、掘り起こされ、思いもかけない角度から新たな意味付けがなされていく可能性はいくらでも残っているのである。M・クラウス（元アラスカ大学教授）が一つの言語を一人の言語学者が記述し尽くすには百年かかるといっている。その意味では、コリャーク語やチュクチ語の研究は、たとえば、英語や日本語の研究に比べれば、やっと端緒についたばかりなのである。とりわけペレストロイカ以降、ロシアでは少数民族言語研究に対する国家の経済的後ろ盾を失ってしまったため、国内では後継者がほとんど育たなくなっている。このこともまた、外国人研究者である私たちを、「さあ、私たちの出番だ！」と奮起させる一因となった。

私たちはジューコヴァやスコーリクといった先人たちの優れた成果を常に意識しながら、なんとかそれを超えたいと思い、同じように一からフィールドワークをして、彼らの記述を一つひとつ検証してきたのである。

以下では、どのようにして初めてのコンサルタント（聞き取り調査の相手になる母語話者）に出会ったか、そしてどのように調査が始まったか、コリャーク語とチュクチ語はどのような特徴を持つ言語であったかを紹介したい。なお、両言語は音声、音韻、形態、統語のそれぞれのレベルにおいて高い類似性を示す。もちろん、細かく見ていけば違いはあるが、ここでは紙数にかぎりがあるため、同じ現象について両言語の特徴を重複して詳述することはしない。両言語に共通する特徴のいくつかを私たち二人が分担して紹介するという形式をとる。関心を持たれた方は、さらに本書末尾に付されている参考文献をお読みになっていただきたい。

リューダさん家族の冬の移動

第一節　コリャーク語を調査する

私（惠）のコリャーク語研究は、ロシア極東の小都市マガダンでスタートした。私たちが日ごろなじんでいる言語とは構造のがらりと変わった言語を、音声を聞き取るところから研究してみたいという思いから、十数年にわたるモンゴル語研究をいったん中止し、あれこれ迷った挙句、コリャーク語をやってみようと思い立ったのだった。北海道大学文学部言語学研究室の助手になって三年目のことだった。

世界には七〇〇〇も八〇〇〇も言語があるといわれているが、それら数ある言語のなかからなぜコリャーク語を選んだのかをあらためて自問自答してみるが、理由を一つに絞りこむのは難しい。しかし、今は亡き千野栄一先生に北海道大学に助手として就職する前にあいさつにうかがったとき、先生が「これからはコーカサス諸語と古アジア諸語だ」とおっしゃっていたのが、北海道に赴任して行く私の頭の片隅にはっきりと刻まれたことは確かだ。スラブ語学を専門とされながらも、ほかに類を見ない世界の言語の百科事典である『言語学大辞典』（三省堂、一九八八〜二〇〇一年）の編纂にたずさわられ、世界の言語の類型的多様性に深い関心を持っておられた先生は、ご自身はチェコ語の専門家でありながらも、古アジア諸語の重要性をすでに鋭く看破しておられたのである。

とはいえ、コリャーク語に焦点を絞ることになったその背景には、私が助手を務めた北海道大学言語学研究室の当時の研究環境が大きく作用している。当時、言語学研究室の主任教授はエスキモー語学の碩学宮岡伯人先生であった。先生は北米と北アジアの諸言語の研究を志す優秀な学生を積極的にフィールドに送り出し、言語の記述の実践を指導しておられた。このような環境のなかで、私は先生が「新旧両大陸の橋渡し的言語」と呼ぶチュクチ・カムチャツカ語族に大いに興味をそそられたのである。とりわけ新大陸の諸言語との類似性を見せる現象のなかには、能格（コラム3）やら逆受動（コラム4）やら抱合（コラム5）やら反転動詞（コラム6）やら、アジア側の言語ではなじみのない特異な現象がたくさんあることが私の好奇心を大いに刺激した。しかし、チュクチ語の方は、徳司に先を越されてしまったので、私はその南のコリャーク語をやろうと、二人の間で棲み分けが決まったのである。

私は、当時、唯一のコリャーク語学者であったサンクトペテルブルグのA・N・ジューコヴァ博士に手紙を書いて、調査地についてのアドバイスを求めた。すると、それなら、カムチャツカではなく大陸側のマガダン州に行くべきだとの返事が返ってきたのである。

コリャーク語は、カムチャツカ半島北部から大陸側にかけて分布しているが、話者の大半は半島側の旧コリャーク自治管区内に居住している。したがって、本来ならば、半島に行った方が話者は探しやすい。それにもかかわらず、ジューコヴァ博士がマガダン州に行くことを勧めたのにはそれなりの理由があったのだと思う。

民族学の世界では、約百年前に、政治犯としてシベリア流刑になったヨヘルソンが、マガダン州の各地でフィールドワークを敢行したことは、その大著『コリャーク』とともによく知られている。しかし、これまでコリャーク語を専門とする言語学者でマガダン州に入った人はおそらく一人もいない。ジューコヴァ博士は、コリャーク語研究のミッシング・リンクである大陸側の開拓を、ありがたいことに私に託してくださったのではないかと思う。こうして、私は初めてのフィールドワークの土地としてマガダン州の州都マガダンに行くことを決

【コラム 3】能格

自動詞主語と他動詞目的語に同じ格標示をほどこす言語において，他動詞主語が取る格を「能格 ergative」という。一方，自動詞主語と他動詞目的語は絶対格を取る。能格タイプの言語は，エスキモー語，チュクチ語，コリャーク語，チベット語，オーストラリア先住民諸言語など世界各地に分布している(コリャーク語の能格については本節で後述する。例文はコラム 13 の(1)(2)(3)を見られたい)。これに対して，日本語は自動詞主語と他動詞主語が同じ格標示を受ける対格型言語である(e.g. 太郎が寝ている／太郎が木を切っている)。

【コラム 4】逆受動

能格タイプに特徴的な現象。能格構文における絶対格の目的語が背景化して斜格で表わされるか，まったく表されなくなる一方で，能格主語が前景化して絶対格になる。次の例(1)は能格構文，(2)は対応する逆受動構文。逆受動構文では，目的語が絶対格から降格して，道具格で表れていることに注意していただきたい(例文の和訳では前景化している部分を**太字**で示す)。

(1) ənan pəl-ni-n-Ø
3 単(能) 飲む-3 単主-3 単目-完了
cəq-miməl-Ø.
冷たい-水-絶単
「彼／彼女は冷たい水を飲んだ。」

(2) ənno ine-lp-el-ni-n-Ø
3 単(絶) 逆受動-飲む-逆受動-3 単主-3 単目-完了
cəqe-miml-e.
冷たい-水-具
「**彼／彼女**は冷たい水を飲んだ。」

【コラム 5】抱合

動詞に名詞や副詞などを形態的に合体させる語形成の手段。とりわけ名詞抱合は新大陸の言語に顕著な現象であるが，チュクチ・カムチャツカ語族においても生産的な語形成の手段である(チュクチ語の抱合の具体例は，本章第二節を参照されたい)。

【コラム 6】反転動詞

コリャーク語では，他動詞の名詞項が人称によって 1 人称＞2 人称＞3 人称単数＞3 人称複数という階層をなす。反転動詞とは高位の名詞項が主語，低位の名詞項が目的語になる順行関係に対し，低位の名詞項が主語に，高位の名詞項が目的語になる逆行関係の場合に逆行化の標識 ne-/na- がつけられた動詞のことである。例はコラム 15 の(4)を見られたい。

意したのだった。

難航するコンサルタント探し

マガダンでコリャーク語のフィールドワークをすることには、一長一短があった。まず、「一長」の方は、半島側とは異なり、内外の研究者がほとんど寄りつかないこの町で、研究者どうしの縄張り争いにも心理的軋轢にもわずらわされることなく、一人のびのびと研究をスタートさせることができたことである。ちなみに、マガダン州には、コリャークだけではなく、チュクチ、カムチャダール、エヴェンなどの少数民族がいる。これらの少数民族を研究対象とする民族学や歴史学に取り組む研究者はいても、少なくとも私の知るかぎり、プロフェッショナルな言語学者は一人もいない。ましてや、私のようにマガダンを拠点に調査をしようという外国人言語学者は一人もいなかった。

一方、「一短」の方は、話者を見つけ出すのが、予想以上に大変だったことである。マガダンは、オホーツク海に面する人口九万人足らずの小さな港町である。日本では、第二次世界大戦時に、シベリア抑留となった多くの日本人兵士がこの町から酷寒のシベリア北部に送られ、強制労働で命を落としたことで知られている。元々は、一九三〇年代に流刑者の強制収容所として建設された町であるが、その後、大陸の各地から多くのロシア人やウクライナ人が移入してきて、人口の大半を占めるにいたっている。

一方、先住民のコリャークはマガダンにはわずかしかいない。とりわけ、マガダンの町に住むコリャークの大半は、地方から大学に進学してきている学生や、卒業してそのまま就職して住みついた比較的若い年齢層の人々など、コリャーク語がすでに母語でなくなっている世代なのである。年配のコリャーク語が話せる人をマガダンで探そうと思ったら、それこそ病院か、地方からの先住民が乗り降りする空港にでも行くしかない。

マガダンに着くとすぐに、マガダン在住のコリャークについての情報を得るために、州政府北方少数民族協会を訪ねた。そこで、一〇人あまりのコリャークの連絡先を入手すると、さっそく、片端から訪ねて行くことにした。

マガダンは、オホーツク海に面したナガエボ湾をぐるりと三方から囲むように低い山並みが続く町である(写真24、地図8)。町自体も、なだらかな丘の両面にへばりつくように建っており、ナガエボ湾からいったん北にガーリン通りまで上っていくと、そこから今度はいっきにプロレタリア通りまで勾配のきつい下り坂になっている。私はこの起伏の多い町を、文字通り足を棒にして上ったり下りたりしながら、コリャークを探した。しかし、教えられた住所には、すでに目当ての人はいなかったり、ようやく見つけても、コリャーク語は少しも話せなかったり、酒代目当てに一度は調査に協力してくれたものの、謝礼を渡すと、そのまま音沙汰がなくなってしまったりだった。あるコリャーク語が話せる女性が入院中だと聞きつけて訪ねてみると、結核病院だとわかり、あわてて退散したこともある。街角で見かけたアジア系女性に思わず駆け寄り、ロシア語で自分のことを「カレヤンカ(朝鮮人女性)」といったのを、「カリャーチカ(コリャーク女性)」と聞き違えて、ぬか喜びしたなどということもあった。生まれたのが、はるか南の黒海沿岸の町だといわれて、ようやく自分のとんだ聞き間違いに気づいた。マガダンでのコリャーク語話者探しは、予想以上に難航した。

この最初の調査行は、すでにその一年前からマガダンでチュクチ語の調査を始めている徳司と一〇か月の幼い長女もいっしょだったが、いち早くいいコンサルタントを見つけ、順調に調査を進めている徳司とは対照的に、こちらは歩いても歩いても、想いは空回りするだけだった。しかし、これには理由があった。なぜならば、現在、チュクチ自治管区はロシア連邦の一つの独立した自治管区であるが、当時はマガダン州に属しており、マガダン市にその行政や文化の中心があったために、多くのチュクチが居住していたのである。

住所録に載っていた最後の住所にたどり着いたとき、ようやく少しだけ光が差してきたかに見えた。ウクライナ人の父とコリャークの母を持つという一九五五年生まれの女性が、私を快く出迎えてくれ、コリャーク語の調査にも協力することを約束してくれたのだった。熊のように頑丈で大きなロシア人のご主人もこの遠来の客を珍しがって歓迎してくれ、その屈強な腕っ節でハグしてくれた。私は窒息しそうになりながらも、「これはしめたぞ！」と心の叫びをあげたのだった。

待望の調査が始まった。私たちが借りていたアパートに来てもらって聞き取り調査をすることになったが、なぜか調査にはご主人も同伴し、私たちが調査をしている間、仕とめてきたというウサギの肉を料理してくれたりした。だから、調査が終わると当然のなりゆきでご飯になり、彼らはそのまま二時間でも三時間でも、この珍しい日本人一家を眺めていくという具合だった。本当は、彼らは私たちを肴に酒盛りでもしたかったのかもしれないが、もちろん、集めたデータを整理しなければならない私たちにはそんな心の余裕などあるはずもなかった。

とはいえ、生まれて初めて生のコリャーク語を聞いたときの感動は大きかった。固有の文字がない未知の言語の調査は、まずは基礎語彙の聞き取りから始まる。それによって、音の仕組みを明らかにすることが目的である。また、この作業によって表記方法を確立しないことには、文法を書くこともかなわないからである。私たちのフィールドワークは、既成品に頼らない徹底した手作業である。絹織物を作るのに、蚕を飼い、繭を紡ぐところから始めるように、私たち言語のフィールドワーカーは音の仕組みを紡ぎ出すところから始めるのである。音声、文法、意味といった言語のあらゆるレベルを少しずつ解き明かしていくのは、非常に根気がいる作業だが、それによって、一つの言語をさまざまなレベルの総体として捉える能力、言い換えれば、言語の「うまいとこどり」ではない総合力が養われる。だから、母語話者の口から発せられる音声こそがまずはなによりも重要なのである。

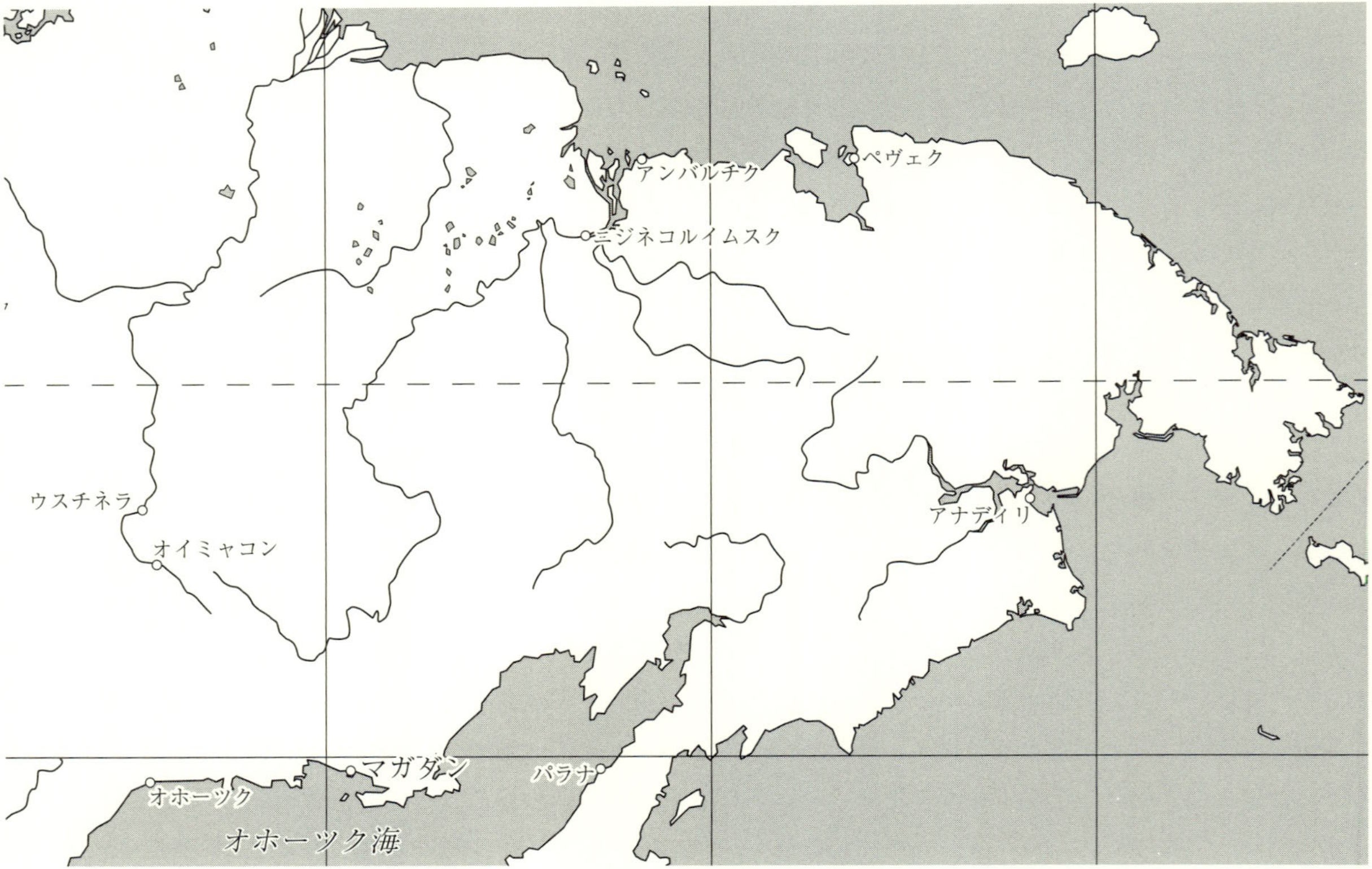
アンバルチク
ペヴェク
ニジネコルイムスク
ウスチネラ
オイミャコン
アナディリ
オホーツク
マガダン
パラナ
オホーツク海

地図８　マガダン

写真24　傾斜の多いマガダン市内

さて、この初めての調査のときに書いたフィールドノートを久しぶりに開いて見た。すると、最初に音声表記されているのは、「頭」を意味する単語だった。たしかに、私はこの女性に、『アジア・アフリカ言語調査票下』（東京外国語大学アジア・アフリカ言語文化研究所、一九七九年）（図３）の「頭」から始まる単語のリストを見ながら、一つひとつロシア語でなんというのかを質問してコリャーク語で発音してもらい、発音記号、専門的にいえば、国際音声字母（ＩＰＡ）（コラム７）で書き取るという作業をおこなっていた。ノートの発音記号で書き取った横には、ジューコヴァ博士の『ロシア語・コリャーク語辞典』（一九六七年）から取った対応するコリャーク語の単語がロシア文字で書かれている。

このノートを見ているうちに、「そうだった！」と、突然、当時の調査のようすが蘇ってきた。彼女に質問してもなかなかスムーズに答えが返ってこなかったので、業を煮やしてこちらからジューコヴァ博士の辞書に載っているコリャーク語の単語をいい、それを聞いて彼女は遠い記憶を手繰り寄せるという繰り返しをやっていたのだった。この女性はその辞書の助けがなければ、ごく基本的な単語以外はほとんど思い出すことができなかったのである。

大いに期待して臨んだ調査だったにもかかわらず、彼女のコリャーク語が相当怪しいことは、すぐに明らかになった。改めて当時のフィールドノートを詳しく見てみると、そのときの調査の状況がわかる。一例をあげてみよう。彼女の方言は、ジューコヴァ博士の記述しているチャウチュヴァン方言の下位方言で、チャウチュヴァン方言の /l/[l] が /j/[j] になる点で違いがある。たとえば、チャウチュヴァン方言では「目」は「ルラルグン[ləlalŋən]」だが、彼女の方言では「ユヤイグン[jəjajŋən]」となる。

したがって、彼女が自分の方言を覚えていて発音しているのか、あるいは私の誘導尋問の通りに発音しているのかは、私のノートに[l]で表記されているか、[j]で表記されているかでわかるというわけだ。

彼女の方言のこのような特徴は、その数年後、彼女が生まれたタポロフカ村でおこなったフィールドワークで明らかになったことで、コリャーク語の「コ」の字も知らなかったこの最初の調査のときには、そんなことは知る由もなかった。しかし、あらためて書き留めた単語を見直してみると、チャウチュヴァン方言では /l/ が含まれているはずの五〇足らずの単語のうち、代わりに彼女の方言の[j]で表記されているのは、「頭」「耳」「ナイフ」のわずか三語だけだった。

この調査が、私の誘導尋問でかろうじて成立していたのは一目瞭然だった。それもそのはず、彼女のコリャーク語使用歴は小学校に上がるまでで止まってしまっているからだ。小学校からはロシア語漬けの教育を受けたのだという。そのために、コリャーク語は遠い記憶のなかのかすかな残滓としてしか保存されていなかったのだ。結局、やっとの思いで聞き出した二〇〇足らずの記憶のあいまいな単語だけが、その年の彼女との調査のささやかな収穫だった。言い換えれば、その年はほとんどなんの収穫もないまま、マガダンを後にせざるをえなかったのである。その後のツンドラでの胸躍るような筆跡のフィールドノート（図1・2）とは似ても似つかない淋しいフィールドノートだけが、ささやかな手みやげとなった。ちなみに、この女性は、それから数年後、飲酒による高血圧症で、四〇歳そこそこの若さで急死してしまった。

このように、マガダンでコリャークを見つけ出し、満足のいく調査をおこなうことがいかに難しいかを思い知った私は、翌年、新たな調査地を開拓すべく、マガダンからさらに北のチャイブハという村に飛ぶことになる。

ようやく出会ったコリャーク語母語話者

今でこそ、マガダンから北にプロペラ機で飛ぶ飛行機が二、三日遅れることくらいなんだと思えるようになった。しかし、シベリア初心者の当時の私には、二週間も飛行機を待つなどというのは、決してあってはならない事態だった。

だが、私は少なくとも初めは幸運だった。冷や冷やしながらも、なんとかスケジュール通りに飛行機に乗ることができたのだから。とはいえ、インフレーションの影響で、スーツケースの四分の一をルーブル札が占領し、ツンドラは足元が悪いからといわれ、マガダンで買ったやけに重たい黒の長靴を引きずりながらの出発は、晴々しいというにはほど遠かった。今となっては笑い話だが、当時は牛乳一本買うのにも、ルーブル札を何センチも積まないとならないのだった。なにもかもが日本にいるようなわけにはいかない調査行は、そうそう簡単には後戻りできない辺境へと一歩を踏み出した。

この小さな寂れた漁村の、オホーツク海に注ぎ込むチャイブハ川は、大量の鮭が回遊するようすが手に取るように見えるくらい澄んでいる。海とは反対側の村の後方には、見渡すかぎりのツンドラが広がっている。ここはもはや、マガダンのようにアスファルト道路を車がひっきりなしに行き交う町ではない（写真25）。

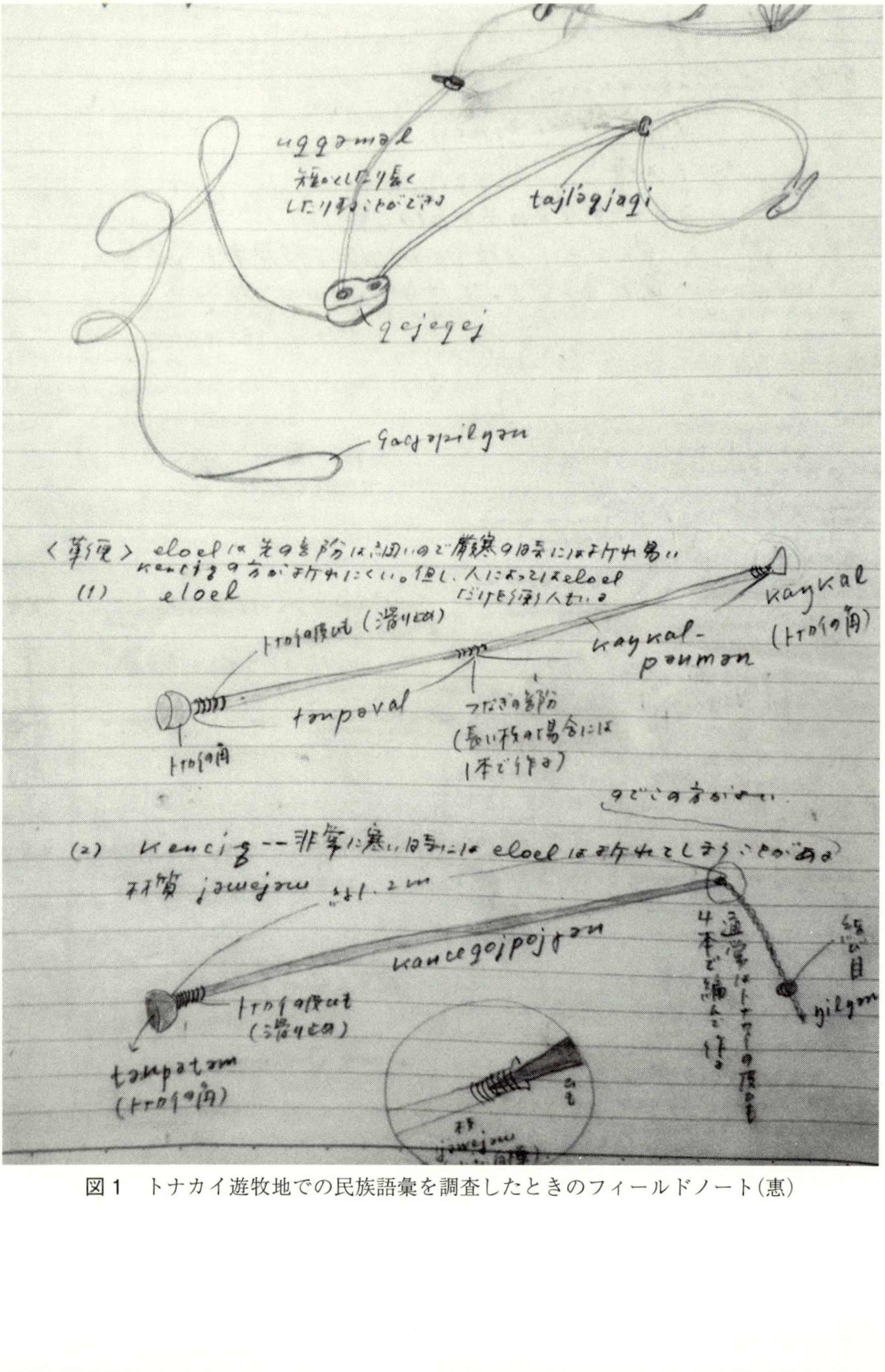

図１　トナカイ遊牧地での民族語彙を調査したときのフィールドノート（惠）

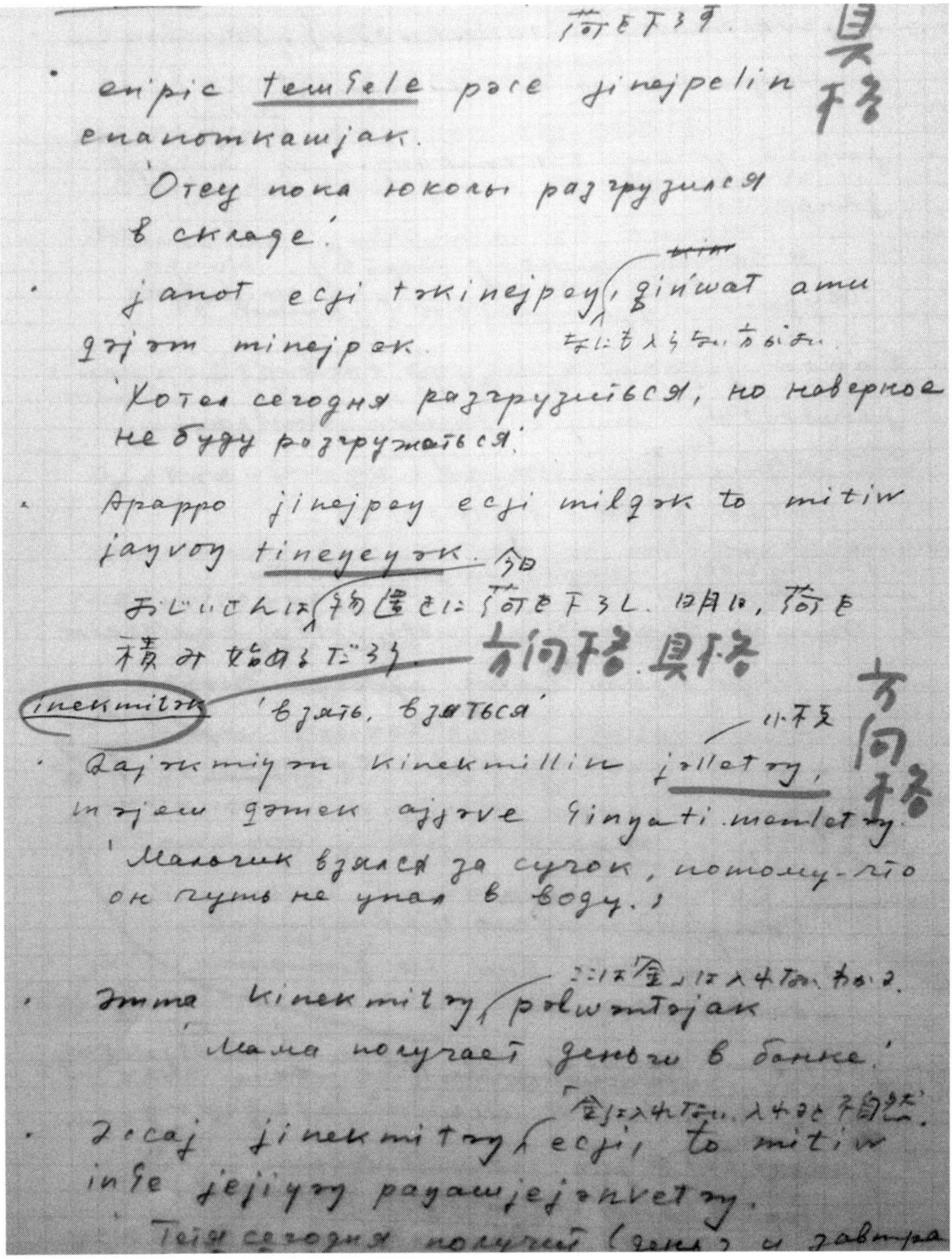

図2　文法調査の際のフィールドノート（惠）

【コラム 7】国際音声字母(IPA)

国際音声学協会により，あらゆる言語を記述するために共通して使えるように考案された音声記号(下図は国際音声学会編[2003]より)。

子音(肺臓気流)

	両唇音	唇歯音	歯音	歯茎音	後部歯茎音	そり舌音	硬口蓋音	軟口蓋音	口蓋垂音	咽頭音	声門音
破裂音	p b			t d		ʈ ɖ	c ɟ	k ɡ	q ɢ		ʔ
鼻音	m	ɱ		n		ɳ	ɲ	ŋ	ɴ		
ふるえ音	ʙ			r					ʀ		
はじき音		ⱱ		ɾ		ɽ					
摩擦音	ɸ β	f v	θ ð	s z	ʃ ʒ	ʂ ʐ	ç ʝ	x ɣ	χ ʁ	ħ ʕ	h ɦ
側面摩擦音				ɬ ɮ							
接近音		ʋ		ɹ		ɻ	j	ɰ			
側面接近音				l		ɭ	ʎ	ʟ			

子音(非肺臓気流)

吸着音		有声入破音		放出音	
ʘ	両唇	ɓ	両唇	ʼ	例
ǀ	歯	ɗ	歯茎	pʼ	両唇
ǃ	(後部) 歯茎	ʄ	硬口蓋	tʼ	歯茎
ǂ	硬口蓋歯茎	ɠ	軟口蓋	kʼ	軟口蓋
ǁ	歯茎側面	ʛ	口蓋垂	sʼ	歯茎摩擦

母音

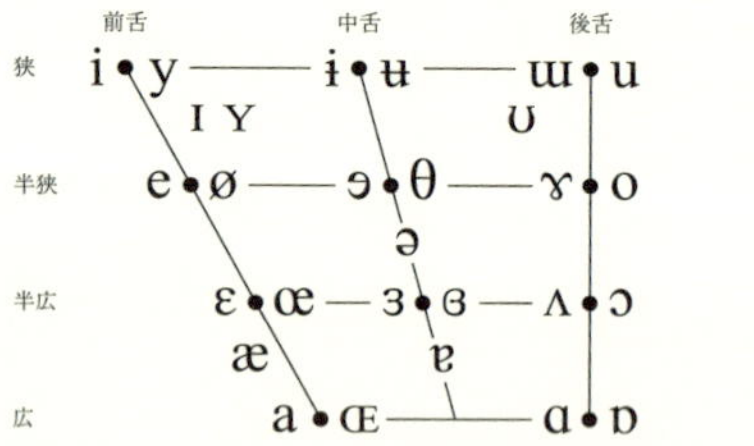

記号が対になっているところは、右側のものが円唇母音を表す。

その他の記号

ʍ 無声両唇軟口蓋摩擦音
w 有声両唇軟口蓋接近音
ɥ 有声両唇硬口蓋接近音
ʜ 無声喉頭蓋摩擦音
ʢ 有声喉頭蓋摩擦音
ʡ 喉頭蓋破裂音

ɕ ʑ 歯茎硬口蓋摩擦音
ɺ 歯茎側面弾き音
ɧ ʃとxの同時調音

破擦音および二重調音は、必要ならば2つの記号をタイで結んだものによって表すことができる。

k͡p t͜s

超分節要素

ˈ	第一ストレス
ˌ	第二ストレス ˌfoʊnəˈtɪʃən
ː	長
ˑ	半長
˘	超短
|	小さな切れ目(韻脚)
‖	大きな切れ目(イントネーション)
.	音節境界 ɹi.ækt
‿	連結(切れ目無し)

補助記号 下に伸びた記号の場合、その上に置いても良い：例) ŋ̊

◌̥	無声	n̥ d̥	◌̤	息漏れ声	b̤ a̤	◌̪	歯音	t̪ d̪
◌̬	有声	s̬ t̬	◌̰	軋み声	b̰ a̰	◌̺	舌尖音	t̺ d̺
ʰ	帯気音	tʰ dʰ	◌̼	舌唇音	t̼ d̼	◌̻	舌端音	t̻ d̻
◌̹	強めの円唇	ɔ̹	ʷ	唇音化	tʷ dʷ	◌̃	鼻音化	ẽ
◌̜	弱めの円唇	ɔ̜	ʲ	硬口蓋化	tʲ dʲ	ⁿ	鼻腔開放	dⁿ
◌̟	前寄り	u̟	ˠ	軟口蓋化	tˠ dˠ	ˡ	側面開放	dˡ
◌̠	後寄り	e̠	ˤ	咽頭化	tˤ dˤ	◌̚	内破音(無開放)	d̚
◌̈	中舌寄り	ë	◌̴	軟口蓋化或は咽頭化	ɫ			
◌̽	中央寄り	e̽	◌̝	上寄り	e̝ (ɹ̝ = 有声歯茎摩擦音)			
◌̩	音節主音	n̩	◌̞	下寄り	e̞ (β̞ = 有声両唇接近音)			
◌̯	音節副音	e̯	◌̘	舌根前進	e̘			
˞	R音性	ɚ a˞	◌̙	舌根後退	e̙			

声調と語アクセント

平板			上下動		
e̋	˥	超高	ě	˩˥	上昇
é	˦	高	ê	˥˩	下降
ē	˧	中	e᷄	˦˥	高上昇
è	˨	低	e᷅	˩˨	高下降
ȅ	˩	超低	e᷈	˧˦˧	昇降
↓		低目	↗		全体的上昇
↑		高目	↘		全体的下降

チャイブハ村は、マガダン州セヴェロ・エヴェンスク地区に属し、トナカイ遊牧民コリャークが居住するパレンスキー・ソフホーズの行政の中心地である。とはいえ、三〇〇人ほどのこの村でも、人口の大半はロシア人である。ロシア化は僻地の村々にも深く浸透している。

この村に着くとすぐに紹介されたのが、イリーナ・ケチゲルフト・ゲルゴリタゴヴナさんという一九三六年生まれの女性だった。温厚な人柄で村人たちからは「チョチャ・イーラ（イーラおばさん）」と慕われていた（写真26）。当時、すでに年金生活者になっていたが、村に小さな工房を持ち、そこで村人の注文に応じて、毛皮をなめしたり、帽子やブーツをつくったりしていた。私はチョチャ・イーラの住むアパートの一室に居候させてもらいながら、調査をすることになった。寂れたチャイブハ村の今にも傾いでしまいそうな木造二階建てのアパートだったが、チョチャ・イーラの家だけは隅々まで気持ちよく片づけられているのを見て、ほっとしたのを覚えている。

さっそく、チョチャ・イーラと基礎語彙調査を始めると、彼女のコリャーク語の能力の高さはすぐに証明された。たいていの単語はよどみなく出てくるし、単数形だけでなく、ふたつのものを表す双数形や複数形もすぐに発音してくれる。その単語を使った文例も自由につくってくれる。あえて難をいうならば、歯が何本も抜けてしまっていて、ときおり、発音が不鮮明になるのが玉にきずだった。コリャークであるご主人のジャジャ・ヴァロージャ（ヴァロージャおじさん）との会話ももっぱらコリャーク語だった（写真27）。

ところが一つだけ致命的な問題があることが判明した。というのは、チョチャ・イーラは実は、民族的にはコリャークではなく、チュクチであると告げられたからだ。彼女は、カムチャツカ半島のスラウトノエのチュクチの村で生まれたが、五歳のときにトナカイ遊牧ソフホーズの移住政策により、両親とともに大陸側のコリャークの居住地に移住してきた。しかし、その後、コリャークのなかで育ったことに加え、両親ともコリャーク語と

写真25　チャイブハ川のほとりに立つチャイブハ村

チュクチ語のバイリンガルで家でもチュクチ語を使用する必要がなかったために、コリャーク語が母語となった。

彼女が民族的にチュクチだということを聞いたとき、これはしまったぞと思った。言語調査では、必ず始めに出生地や生育歴、外住歴などを確認して、できるだけほかの言語や方言の影響を受けていない人をコンサルタントとして選ぶのが常識である。ところが、チョチャ・イーラはこの条件からすると、完全に失格である。民族が違うというのは、致命的である。彼女から聞き取り調査をすることは、極端なことをいえば、日本在住の外国人から日本語を調査することに等しいではないかといわれてもしかたない。もし、日本語を母語とする日本人がいたならば、誰がわざわざ外国人を調査対象にするだろう。

しかし、そもそも流暢な話者を見つけるのが非常に難しいコリャーク語の場合には、そんな贅沢はいっていられないのが実情なのである。なぜなら、コリャーク語のような未来への継承がきわめて危ぶ

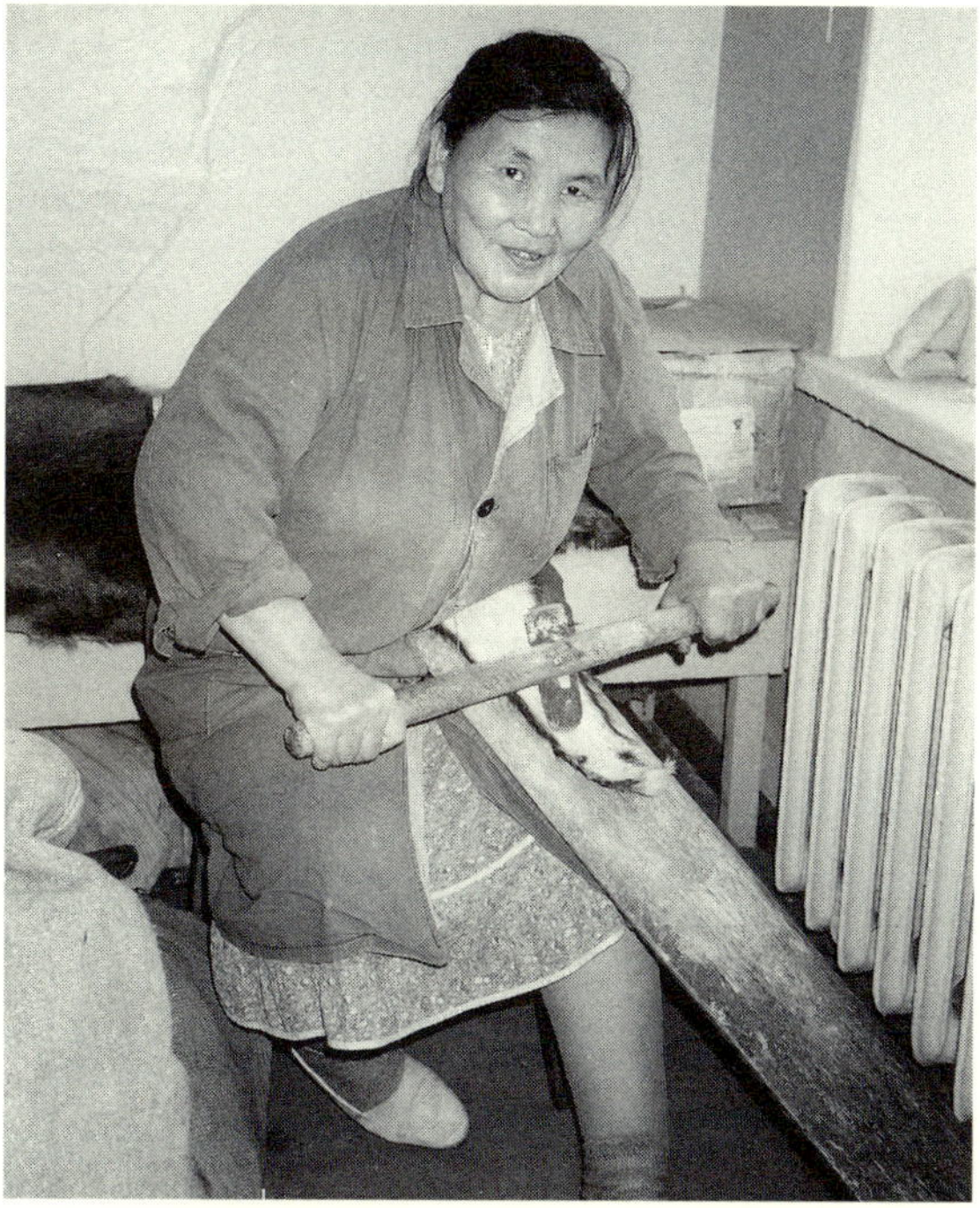

写真26　皮なめしをするチョチャ・イーラ

まれる、いわゆる「消滅の危機に瀕した」言語では、絵に描いたような理想的な話者などそうそう簡単に見つかるものではない。チョチャ・イーラのご主人はさしあたり「純粋な」コリャークでコリャーク語も達者だったが、運の悪いことに耳が悪く、私の質問がうまく聞き取れない。そのうえ、じっとしていられない性分で、やれ魚釣りだ、やれ狩猟だとしょっちゅうツンドラを歩き回っていて、なかなかつかまらない。二時間も三時間もじっとすわっていなければならない聞き取り調査は、彼の生活パターンそのものの変更を意味する。

しかし、そうかといって、村にはチョチャ・イーラやご主人ほどの年配のコリャークが見つかるわけでもなかった。一方、若いコリャークはといえば、寄宿学校でロシア語漬けの教育を受けてきたために、コリャーク語の能力は当てにならない。かてて加えて、

写真 27　ジャジャ・ヴァロージャ

コリャークの多くが老若男女の区別なく飲酒癖を持っているために、調査の相手になる人がほとんどいないという深刻な問題があった。約束した時間に訪ねて、いくら呼び鈴を鳴らしても出てこなかったり、普段はおとなしいのに酔いにまかせて、調査の謝金をふっかけてきたりなど、不愉快な思いをさせられたことも一度や二度ではなかった。

いずれにしても、チョチャ・イーラのように、お酒を飲まず、なおかつ単調な調査にも辛抱強く付き合ってくれる話者を探すことはとても難しかった。辺境ほど純粋な言語が理想的な話者によって保存されているというのは、絵空事でしかないのではないかと思えてしかたない。

しかし、チョチャ・イーラのコリャーク語の流暢さは、村人の誰もが認めるところだった。もちろん、チョチャ・イーラ以外のコリャーク語話者を開拓しようと奔走した時期もないわけではない。だが、そのような試みを経てもなお、チャイブハ村、そしてその後彼女が移住することになったエヴェンスク村では、チョチャ・イーラがやはりいちばん優れたコンサルタントであったと確信している。後述するように、彼女は、単に流暢だというだけでなく、ロシア語の干渉をあまり感じさせないコリャーク語を話すことができるという意味でも、私にとっては得難いコンサルタントであった。チョチャ・イーラはこうして、私を穏やかにそして忍耐強くコリャーク語という未知の世界にいざなってくれたのである。

百見は一聞にしかず

何度もいうが、およそある言語をフィールド調査して、その全体像を描いてみようというならば、まずは、音声の仕組みを明らかにしなければならないことはいうまでもない。とりわけ対象とするのが文字を持たない言語であってみれば、音声を解明し音韻表記を確定しないことには、その先の形態論、統語論などどんな記述も不可能である。その音声のつかみどころのなさに身をもって四苦八苦せずしては、その言語との本当の付き合いは始まらない。

もっとも、コリャーク語では、定着しているというのには程遠いとはいえ、キリル文字に基づいた正書法が作られているし、文法書や辞書もある。また、子音が多いところでは八〇もあるといわれるカフカースの言語や、放出音(コラム8)がいろいろな系列に複雑に現れるアメリカ・インディアン諸語、さまざまなタイプの吸着音(コラム8)を持つアフリカのコイサン諸語などに比べれば、コリャーク語の音声は単純だといってもいいだろう。母音音素、子音音素のなかには後述する有声咽頭摩擦音[ʕ]などのわずかな例外をのぞけば、とりたてて難しそうなものは見当たらない。しかし、実際に個々の単語を音声表記していくとなると、そこには一つひとつの音声の

【コラム 8】放出音・吸着音

普通，子音の多くは肺からの空気を利用してつくられる。一方，吸着音は軟口蓋と後舌を，放出音は声帯を閉じることで肺からの空気を遮断してつくられる。吸着音は，軟口蓋より前にもう 1 か所閉鎖をつくり，舌の中央部を低めて閉鎖を開放することでつくられる。この場合，空気は外から流れ込む。放出音は，声帯より前にもう 1 か所閉鎖をつくり，喉頭を上に上げて気圧を高め，閉鎖を開放することでつくられる。この場合，空気は内側から外に流れ出す。放出音・吸着音の具体的な音声についてはコラム 7 を参照されたい。

思いもよらないユニークさや微細な特徴が立ち現れて、安直な記述を拒む。言語学が「百聞は一見にしかず」ではなく、「百見は一聞にしかず」である意味は、ここにある。

『アジア・アフリカ言語調査票(下)』(図 3)を携えてフィールドに出かけたことのある人なら誰でも知っているように、身体部位から始まるこの調査票のまず一番目の項目は、「頭」である。私はいきなりこの単語の音声表記でつまずいてしまった。「レーグウェット」と聞こえるこの単語の「グウェッ」の部分をどう表記したものか迷い出し、ペンが進まなくなってしまったのだ。「もう一度、もう一度」とチョチャ・イーラにせがんで何度も発音してもらうと、唇音化した有声軟口蓋摩擦音[ɣʷ]に聞こえるときも、軟口蓋化の強まった有声両唇接近音[wˠ]のように聞こえるときも、はたまた有声両唇軟口蓋摩擦音[ʍ](コラム 9)に聞こえるときもある。ちなみに、ジュコヴァの『コリャーク語文法』では、/w/は「両唇摩擦音で、語のすべての位置に現れる。語末で共鳴性が強くなる」と記述されているだけで、私が観察したような軟口蓋化や語末での無声化には言及されていない。

もう一つ。コリャーク語には例外的に珍しい子音として先の有声咽頭摩擦音[ʕ]がある。アフロ・アジア諸語やカフカース諸語などでよく知られているこの音は、舌根と咽頭壁の間の狭めによってつくられる。ただし、コリャーク語では常に摩擦がはっきりと聞こえるというわけでもないために、うかうかしているとつい聞き落としてしまうこともしばしばだ。かくいう私も、初日の調査では、この[ʕ]をみごとにごっそり聞き落としていた。後で辞書を見てびっくりし、次の日もう一度発音し直してもらって、やっとこの音の存在を確かめることができたといううかつぶりである。ちなみに、ジュコヴァの『コリャーク語文法』では、「舌根と咽頭中央部の摩擦的狭めをつくることによって調音される」とのみあり、摩擦の度合いについては言及されていない。

音声を抽象化するプロセス

とにもかくにも、コリャーク語ではどのような音声が観察されるのか、またそれらはどのような特徴を持つのかが曲がりなりにもわかってきたら、今度は聞こえる通りの音声をその言語の意味を区別する単位、すなわち「音素」として抽象化し、その言語がどのような単位を意味の区別に用いているのか、そしてそれらの単位は全体でどのような体系をなしているのかを明らかにする音韻論的な分析作業が待っている。音声学が、どんな微細な違いをも聴き逃さないように訓練された耳を必要とするのに対し、音韻論が必要とするのは、これらの微細な音声的違いを一つの単位としてまとめあげる抽象力と解釈力である。

たとえば、上述の「グウェ」は音節初頭では現れるが、音節末では通常の接近音[w]、語末では無声化した[w̥]となる。つまり、これら三つのよく似た音声は、同じ音声的な環境で現れることはなく、「相補分布」をなしている。音声的類似性の高い音がこのように相補分布をなす場合には、それらは一つの音素/w/の異なる現れ、すなわち異音と見なされる。一方、音声的に類似していても、その音を除けばすべて音声的に同じ単語のペア(ミニマル・ペア、例えば、日本語の**ame**「雨」と**ane**「姉」は**m**と**n**が違うだけで、それ以外の母音は同じ)が見つかれば、その音は意味の区別をなしていることになり、同一音素とは認められない。たとえば、両唇音の

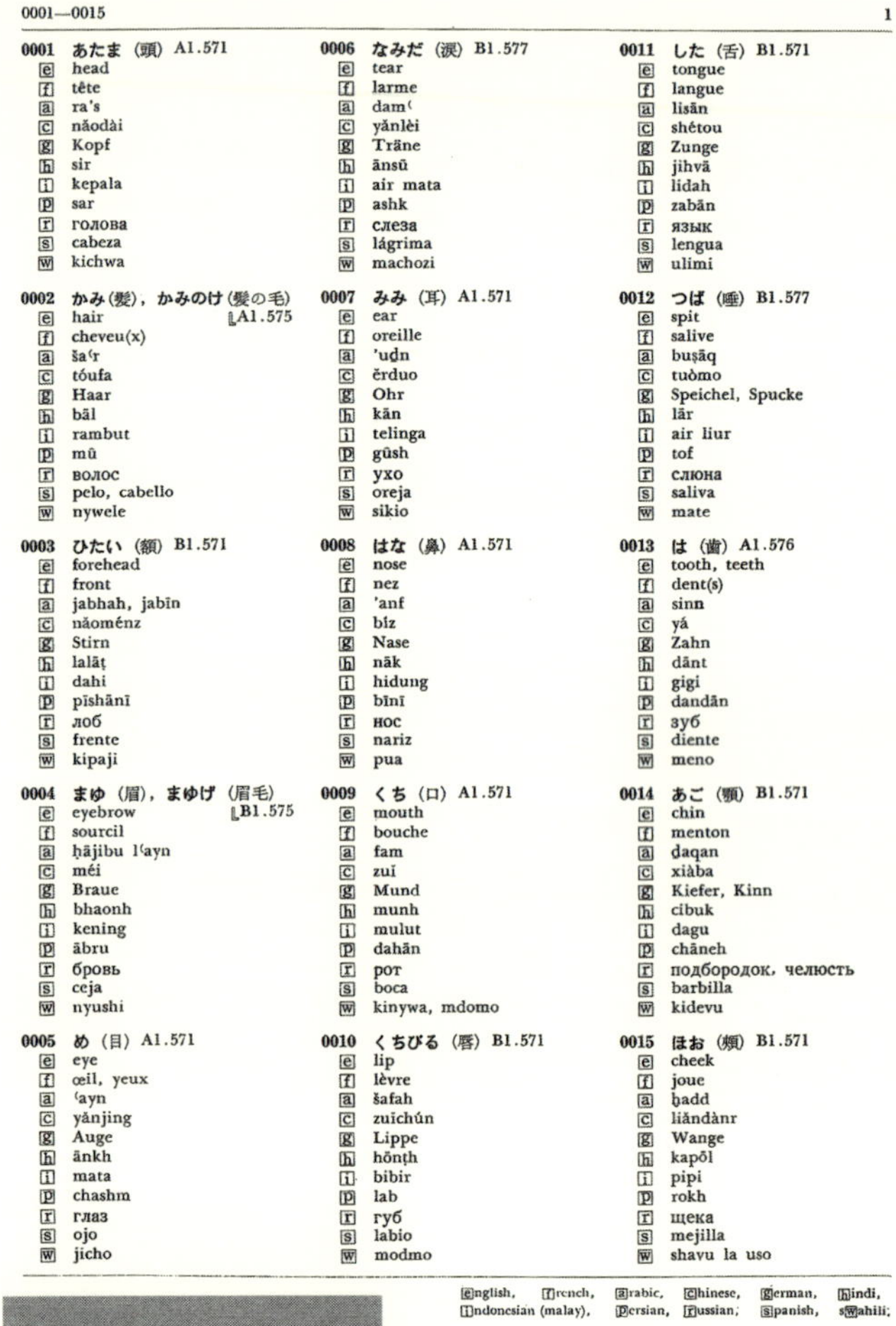

0001—0015 1

0001 あたま（頭） A1.571
[e] head
[f] tête
[a] ra's
[c] nǎodài
[g] Kopf
[h] sir
[i] kepala
[p] sar
[r] голова
[s] cabeza
[w] kichwa

0002 かみ（髪），かみのけ（髪の毛） A1.575
[e] hair
[f] cheveu(x)
[a] šaʿr
[c] tóufa
[g] Haar
[h] bāl
[i] rambut
[p] mû
[r] волос
[s] pelo, cabello
[w] nywele

0003 ひたい（額） B1.571
[e] forehead
[f] front
[a] jabhah, jabīn
[c] nǎoménz
[g] Stirn
[h] lalāṭ
[i] dahi
[p] pīshānī
[r] лоб
[s] frente
[w] kipaji

0004 まゆ（眉），まゆげ（眉毛） B1.575
[e] eyebrow
[f] sourcil
[a] ḥājibu lʿayn
[c] méi
[g] Braue
[h] bhaonh
[i] kening
[p] ābru
[r] бровь
[s] ceja
[w] nyushi

0005 め（目） A1.571
[e] eye
[f] œil, yeux
[a] ʿayn
[c] yǎnjing
[g] Auge
[h] ānkh
[i] mata
[p] chashm
[r] глаз
[s] ojo
[w] jicho

0006 なみだ（涙） B1.577
[e] tear
[f] larme
[a] damʿ
[c] yǎnlèi
[g] Träne
[h] ānsū
[i] air mata
[p] ashk
[r] слеза
[s] lágrima
[w] machozi

0007 みみ（耳） A1.571
[e] ear
[f] oreille
[a] 'uḏn
[c] ěrduo
[g] Ohr
[h] kān
[i] telinga
[p] gûsh
[r] ухо
[s] oreja
[w] sikio

0008 はな（鼻） A1.571
[e] nose
[f] nez
[a] 'anf
[c] bíz
[g] Nase
[h] nāk
[i] hidung
[p] bīnī
[r] нос
[s] nariz
[w] pua

0009 くち（口） A1.571
[e] mouth
[f] bouche
[a] fam
[c] zuǐ
[g] Mund
[h] munh
[i] mulut
[p] dahān
[r] рот
[s] boca
[w] kinywa, mdomo

0010 くちびる（唇） B1.571
[e] lip
[f] lèvre
[a] šafah
[c] zuǐchún
[g] Lippe
[h] hõnṭh
[i] bibir
[p] lab
[r] губ
[s] labio
[w] modmo

0011 した（舌） B1.571
[e] tongue
[f] langue
[a] lisān
[c] shétou
[g] Zunge
[h] jihvā
[i] lidah
[p] zabān
[r] язык
[s] lengua
[w] ulimi

0012 つば（唾） B1.577
[e] spit
[f] salive
[a] buṣāq
[c] tuòmo
[g] Speichel, Spucke
[h] lār
[i] air liur
[p] tof
[r] слюна
[s] saliva
[w] mate

0013 は（歯） A1.576
[e] tooth, teeth
[f] dent(s)
[a] sinn
[c] yá
[g] Zahn
[h] dānt
[i] gigi
[p] dandān
[r] зуб
[s] diente
[w] meno

0014 あご（顎） B1.571
[e] chin
[f] menton
[a] ḏaqan
[c] xiàba
[g] Kiefer, Kinn
[h] cibuk
[i] dagu
[p] chāneh
[r] подбородок, челюсть
[s] barbilla
[w] kidevu

0015 ほお（頬） B1.571
[e] cheek
[f] joue
[a] ḫadd
[c] liǎndànr
[g] Wange
[h] kapōl
[i] pipi
[p] rokh
[r] щека
[s] mejilla
[w] shavu la uso

[e]nglish, [f]rench, [a]rabic, [c]hinese, [g]erman, [h]indi, [i]ndonesian (malay), [p]ersian, [r]ussian; [s]panish, s[w]ahili;

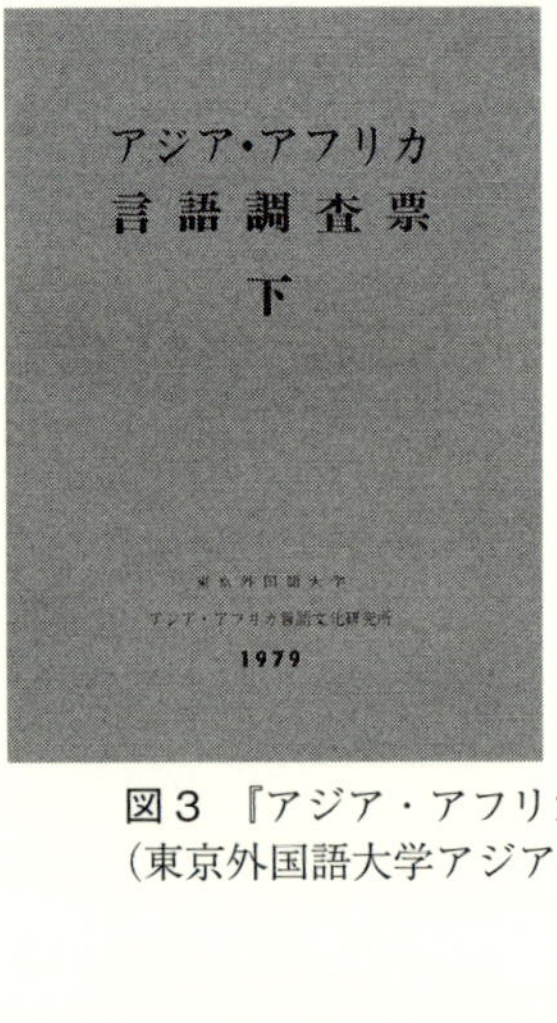

図３『アジア・アフリカ言語調査票（下）』の内容と表紙
（東京外国語大学アジア・アフリカ言語文化研究所）

【コラム 9】

唇音化した有声軟口蓋摩擦音

軟口蓋と後舌で狭めをつくって発せられる有声軟口蓋摩擦音[ɣ]に唇の丸めが伴った音。

軟口蓋化の強まった有声両唇接近音

有声両唇接近音[w]は，通常，上下の唇，後舌と軟口蓋の 2 か所で広めの狭めをつくって発せられるが，このうち，後舌が軟口蓋に近づき，通常よりも狭めが小さくなった音。

有声両唇軟口蓋摩擦音

上下の唇，後舌と軟口蓋のいずれの狭めも小さく，摩擦的な噪音が聞こえる音。

[w^{ɣ}]と唇歯音の[v]は、[w^{ɣ}ilw^{ɣ}il]「発酵魚」—[vilvil]「価値」、[w^{ɣ}anə]「野生動物の穴」—[vanə]「場所」のようなミニマル・ペアがあるために、同一音素の異音とは認められない。

　このように、音素は一つひとつの音声の特徴や分布のしかたを詳細に観察し、ほかの音声のそれと比べて抽象化していくことにより設定されていくものであり、事実そのものではなく、むしろ事実にもとづいた解釈なのである。

　このような音韻論的分析を通して、自分自身の音韻表記の方針が決まって行く。音韻表記ができあがってしまえば、もう、それほど個々の音声に心を悩ますこともなくなるが、こうして悪戦苦闘してつくりあげた表記による言語の記述は、文字であれ先行研究の音韻表記であれ、既存の表記法を踏襲した記述とは比べものにならないほど、「辛苦をともにした」言語との深いかかわりに裏打ちされている。

　しかし、音韻論的考察はそこで終わるのではない。音素は語のなかの要素どうしの結び付きによって、異なる現れ方をする。ここでいう語中の要素というのは、意味を持つ最小単位である「形態素」のことである。たとえば、英語の **unluckiness**「不運」という名詞は、さらに三つの意味をもつ単位に分けることができる。すなわち、否定を表す接頭辞 **un-**、「幸運な」という具体的な意味を表す形容詞語幹の **lucki**、そしてその形容詞語幹を名詞に変える働きを持つ **-ness** に分けられる。しかし、それらの要素をそれ以上分割してしまったら、どれも意味をなさなくなる。そのような意味を持つ最小単位を「形態素」と呼ぶ。そしてこの形態素は、ほかの形態素と結び付くことによって、いくつかの異なる現れ方をすることがある。これを「異形態」と呼ぶ。たとえば、日本語の「雨」が、/ame/(「雨」「雨あがり」「雨女」)だけでなく、ときに/ama/(「雨傘」「雨だれ」)や/same/(「春雨」「小雨」)で現れたりすることを見れば、そのことは容易にわかるだろう。

　では、コリャーク語の場合はどうか? 一例として、次の「川」を表す名詞ウェジェム(wejem)のふるまいを見てみよう(コラム10)。ウェジェムは単独で単数形として用いられるほか、ほかの要素が付加されることで別の語を派生する。たとえば、ここでは二種類の指小辞を見てみよう。まず、コラム10の(2)の例を見られたい。ここでは、小さいものであることを表す接尾辞-pil'がついて「小川」の意味となっている。この場合には、wejemの語形は変化しないことに注意しておこう。ところが一方、同じく小ささを表す接頭辞qaj-がつく場合には、コラム10の(3)のようにwejemではなくワジャム(wajam)となる。

　このように、語幹の母音が全部変わってしまうというのは、私たち日本人には奇異な現象に感じられる。なぜ語幹に接続する要素によって母音がこのように変わってしまうのだろうか?

　この一見、不思議な現象には、「母音調和」という形態音韻現象がかかわっている。母音調和とは、一語のなかに現れる母音の組み合わせに制限がある現象で、一般にモンゴル語、トルコ語などのアルタイ諸語やフィンランド語、ハンガリー語などをはじめとするウラル語族などにあることがよく知られている。これらの言語では、母音が二つの系列(言語によっては、さらにどちらの系列とも共起できる中立母音も加わることがある)に分かれ、両系列の母音が一語のなかで共起することはない。この母音調和は語幹から接辞へと及ぶ。たとえば、モンゴル語の例を見てみよう(コラム11)。モンゴル語(ハルハ方言)では、男性母音/a o u/と女性母音/e ö ü/、さらに中性母音/i/に分かれる。男性母音と女性母音は一語で共起できないが、中性母音はそのいずれとも共起できる。ここ

【コラム 10】コリャーク語の母音調和
（1）　wejem-Ø「水」
（2）　wejem-pil'-Ø「小川」
（3）　qaj-wajam-Ø「〃」
【コラム 11】モンゴル語の母音調和
（1）　düü-g-ees-ee「自分の弟から」　ax-aas-aa「自分の兄から」
（2）　ax-duu「兄弟」

では、**düü**「弟」と、**ax**「兄」という名詞を例にあげてみる。**düü**という名詞は女性母音からなる語である。そのため、コラム11の（1）に示すように、後ろに付く奪格も女性母音からなる異形態**-ees**、再帰を表すのも同じく女性母音からなる異形態**-ee**となる。一方、**ax**は男性母音の**a**を含むため、奪格は男性母音の**-aas**、再帰も男性母音の**-aa**となる。また、コラム11の（2）を見ると、**düü**ではなく、男性母音の**duu**となっているのは、**ax**と合成されたために、この**a**の影響を受けて、対応する男性母音の**u**となったためである。

一方、チュクチ語やコリャーク語の母音調和はこれとはタイプが異なる。すなわち、一語に違う系列の母音が共起しない点では、先のタイプと同じである。しかし、違うのは、母音にほかの母音を同化させる力を持ったもの（強母音）と、その強い母音に同化させられてしまうもの（弱母音）の二種類があり、形態素の種類が語幹であるか接辞であるかにかかわりなく、強母音は弱母音を同化させるのである。ちなみに、強母音は/a e o ə/、弱母音は/e i u ə/である。

先にあげた「川」の例でいえば、**wejem**は弱母音の/e/からできているため、接尾辞**-pil'**と共起できる。一方、接頭辞の**qaj-**は強母音の/a/を持つ強形態素であるため、語幹の**wejem**を**wajam**に換えてしまうのである。

ちなみに、同じ母音調和でもモンゴル語のようなタイプを「相称的母音調和」、コリャーク語のようなタイプを「非相称的母音調和」といって区別する。

ところで、先に私は何気なく、「強母音は/a e o ə/、弱母音は/e i u ə/である。」と書

【コラム 12】母音調和の規則により基底形（右）から導かれる表層形（左）

（1）　wejem-pil’-ø ← **we2je2m-pil’-ø**

（2）　qaj-wajam-ø ← **qaj-we2je2m-ø**

いたが、みなさんはこれに何にも疑問を持たなかっただろうか？　そう、強母音の系列にも弱母音の系列にも /e/ と /ə/ があることを不思議に思わなかっただろうか？　母音が二つの系列に分かれているとするならば、一つの母音が両系列に含まれるというのは矛盾である。

この矛盾を合理的に説明するには、単なる音韻論的な解釈では十分ではない。ここで威力を発揮するのが、形態音韻論的解釈である。形態音韻論では、基底形と表層形という二段構えを取り、基底形から表層形を導く形態音韻規則を立てるのである。この方法では、上述の強母音と弱母音は、基底で強母音の **a, e1, o, ə1**、弱母音の **e2, i, u, ə2** を仮定することによって、表層では同じ音声的実現をする **e** と **ə** は、基底では別物だったと説明できる。

ジューコヴァ博士の『コリャーク語文法』では、このような考え方が導入されておらず、音素を立てただけで終わってしまっている。このことは、かえって記述の煩雑さを招く結果となっている。しかし、このような方法は、母音調和だけではなく、コリャーク語のそのほかの形態音韻現象、たとえば、シュワ[ə]や声門閉鎖音の挿入、歯茎音の逆行同化による口蓋化、絶対格単数形の末尾母音の脱落などを記述する際にも、大変有効な手立てとなる。

両言語の真骨頂、文法の諸相

音声のさまざまな特徴や音韻論的な解釈、さらには形態音韻論的な規則化など、コリャーク語やチュクチ語は音のレベルでも十分に取り組み甲斐がある言語ではある。しかし、両言語の真骨頂は、むしろ、なんといってもその文法（すなわち、形態論と統語論）にあるといってもいいだろう。私たちがなじんでいる言語とはさまざまな点でがらりと異なる文法的特徴を持っており、コリャーク語やチュクチ語に取り組んでいると、それまで抱いていた言語に対する既成概念が覆されていくスリルを味わうことができる。

両言語の持つ特異な文法現象は枚挙にいとまがないが、ここでは私たちになじみのある言語には見られない二つの特徴、すなわち、能格性と複統合性について紹介してみたい。まず私(惠)がコリャーク語を例に能格性について紹介し、続いて徳司がチュクチ語を例に複統合性について紹介する。

能格言語としてのチュクチ・カムチャツカ語族

日本語母語話者にとっては、「太郎ガ寝ている」「太郎ガ戸ヲ叩いている」のように、自動詞文の主語と他動詞文の主語がいずれも格助詞「ガ」で表され、他動詞目的語がそれとは異なる格助詞「ヲ」で表わされることは自明の理である。

ここで便宜的に、自動詞主語をS、他動詞主語をA、他動詞目的語をPとすると、日本語の格標示のタイプは、S=A≠Pということになる。このような格標示のタイプを「(主格・)対格型」と呼ぶ。しかし、世界中のどんな言語でも日本語と同じかというと、そうではない。世界には、格標示が日本語のような対格型をはじめとし、S、A、Pがどのような格標示を受けるかにより、図4に示すような六つの主要な格標示のタイプがある。

ただし、これら六つのタイプの分布には偏りがあり、世界の言語が示す格組織のタイプの大半を占めるのは、①の(主格・)対格と②の能格の二つのタイプであるといわれている。格標示でおそらく一番肝心なのは、他動詞文でAとPが明確に区別されることである。したがって、どれがAでどれがPなのか判断しにくい場合がある③のタイプや、AとPが同じ格標示を受ける④のタイプが避けられるのは容易に察しがつく。さらに、S、A、P

① S＝A≠P 型：（主格・）対格型）
② S＝P≠A 型（能格型）
③ S＝P＝A 型（中立型）
④ S≠P＝A（他動詞中和型）
⑤ S≠P≠A 型（三立型）
⑥ S＝P/S＝A 型（活格型）

図４　格標示の６つのタイプ

すべてを区別してしまう⑤のタイプは、経済性の観点から好まれないであろう。なお、⑥の活格型はSが対格で表される場合と能格で表される場合で分裂しているタイプであるが、他動詞文においてAとPをどう区別し分けるかという議論とはひとまず直接の関係はない。

さて、コリャーク語やチュクチ語はこのうち能格型を示す。すなわち、SがAとではなく、Pと同じ格標示を受け、Aはこれとは別の格標示を受ける。たとえば、コラム13の（1）（2）（3）を見ていただきたい。能格言語では、（1）（2）に現れる **ənnə** の形式を「絶対格」、（3）に現れる **ənnan** の形式を「能格」と呼ぶ。

対格型の格標示に慣れてしまっている私たち日本人の目には、このような能格型の格標示はとても奇異に感じられるにちがいない。しかし、上述のとおり、能格型の言語は対格型と並んでメジャーな格標示のタイプである。たとえば、バスク語、グルジア語、チベット語、エスキモー・アリュート語族、オーストラリアの先住民諸言語、そしてチュクチ・カムチャツカ語族など、話者数の少ない言語に比較的偏っているために、知名度は低いが、実は広く世界各地に分布しているのである。

とはいえ、同じ能格型といっても、能格性の現れ方は言語によって一様ではない。名詞の種類によって対格と能格が相補分布的に現れる分裂能格を示すオーストラリア先住民言語、自動詞主語が主格と能格を使い分ける活格性を示したり、時制が能格の出現の有無を決めるコーカサスのグルジア語など、言語によって能格はさまざまな現れ方をする。

コリャーク語やチュクチ語の能格は、これらの言語とは異なる。すなわち、両言語では、名詞の種類によって主格か能格かが異なるのではなく、能格の形式が異なる。コリャーク語の名詞は能格

【コラム 13】コリャーク語の能格標示

太字の「彼／彼女」の意味の自動詞主語(1)と他動詞目的語(2)が同じ形式 **ənno** であるのに対し，他動詞主語(3)は別の形式 **ənan** であることに注目してほしい。

(1)　**Ənno**　　ku-jəlqet-ə-ŋ-Ø.
彼／彼女(絶)　不完了-寝る-挿入-不完了-3 単主
「彼／彼女が寝ている／寝ていた。」

(2)　**ɣəmnan**　**ənno**　　t-ə-k-uʕen'-ŋ-ə-n.
私(能)　彼／彼女(絶)　1 単主-挿入-不完了-待つ-不完了-挿入-3 単目
「私が彼／彼女を待っている／待っていた。」

(3)　**Ənan**　ɣəmmo　k-in-uʕet-ə-ŋ-Ø.
彼／彼女(能)　私(絶)　不完了-1 単目-待つ-挿入-不完了-3 単主
「彼／彼女が私を待っている／待っていた。」

がどのような形式的標示を受けるかにより大きくコラム14のように四つのグループに分類される。このうち、①の独自の能格標識を持つ名詞には人称代名詞、②の場所格が援用される名詞には、人間や家畜を表す固有名詞、人称疑問代名詞、親族呼称、③の道具格が援用される名詞には、親族名称、動物名詞、無生物名詞、④の任意に場所格、道具格いずれもが用いられる名詞には、普通人間名詞、指示代名詞、「どの」を表す疑問代名詞などがそれぞれ含まれる（表7）。

また、それぞれのグループの具体例については、コラム15の（1）〜（4）を見ていただきたい。（1）はA、（2）はB、（3）はB／C、（4）はCの例である。

能格標示の違いに反映されるこのような名詞の分類は、実は、北米やオーストラリアの先住民諸言語の専門家である、シカゴ大学教授マイケル・シルバースティン（Silverstein 1976）の指摘した「名詞句階層」におおよそ対応している。シルバースティンはオーストラリアの先住民諸言語に見られる能格型と、対格型をはじめとするほかのタイプの格組織との共存を、この名詞句階層によって説明している。すなわち、名詞は一人称＞二人称＞三人称＞親族名称＞固有名詞＞人間名詞＞動物名詞＞無生物名詞の順に階層をなしており、動作が階層の高い方から低い方へ向かう場合には対格型、逆に階層の低い方から高い方へ向

【コラム 14】能格標識の違いによる名詞の 4 分類

① 独自の能格標識 **-nan** をもつ名詞
② 能格に場所格(**-k**)が援用され，同時に **-ne**(単)，**-jəka**(複)という有生標示を受ける名詞
③ 能格に道具格(**-te**)が援用され，有生の標示を受けない名詞
④ 能格として任意に場所格も道具格もとり，有生の標示も任意である名詞

表 7　能格標識と名詞の種類

	A	B	B／C	C
能格標識	**-nan**	**-ne-k/-jəka-k**	**-ne-k/-jəka-k〜-te**	**-te**
名詞の種類	人称代名詞	固有名詞 人称疑問代名詞「だれ」 親族呼称	人間名詞 指示代名詞 疑問代名詞「どの」	親族名称 動物名詞 無生物名詞

かう場合には能格型になる。また、階層は動作者になりやすさの度合いと動作対象になりやすさの度合いを反映したものであるとも説明している。シルバースティンの示した名詞句階層は、さらにほかの研究者によって、話し手にとっての関心の度合い、重要度、身近さ、あるいは話題になりやすさの度合いなどによるものとされてきた。

とりわけ興味深いのは、このような名詞句階層がオーストラリアの諸言語にかぎられたものではなく、ほかの言語のさまざまな文法現象に反映していることが明らかになってきたことである。先に見たコリャーク語の能格の使い分けもその一つである。そして、私たちの母語である日本語にも、名詞句階層が反映されていることが指摘されている(角田 二〇〇九)。すなわち、角田(二〇〇九)によれば、動作者と動作対象のいずれの階層が高いかによって能動文と対応する受動文の自然度が異なる現象が、名詞句階層とかかわっているという。たとえば、「私は女を殴った」という、人称代名詞が動作者、人間名詞が動作対象となる能動文は自然だが、「女は私に殴られた」という受動文は、あまり自然ではない。一方、「仕事が野田首相を追っている」という、無生物名詞が動作者、

【コラム 15】能格標示の違いによる 5 つの例文

(1)　ɣəmnan　**ənno**　t-ə-k-uʕen’-ŋ-ə-n.
私(能)　彼／彼女(絶)　1 単主-挿入-不完了-待つ-不完了-挿入-3 単目
「私が彼／彼女を待っている／待っていた。」

(2)　Qecɣəlqot-na-k　ujetik-Ø　ku-tejk-ə-ŋ-ni-n.
ケチゲルコト-有単-所(能)　橇-絶単　不完了-作る-挿入-不完了-3 単主-3 単目
「ケチゲルコット(男性名)は橇をつくっている。」

(3)　El’ʕa-ta/　El’ʕa-na-k　ɣəcci　ne-ku-ʕejŋew-wi.
女-具(能)　女-有単-所(能)　お前(絶単)　反転-不完了-呼ぶ-2 単目
「女がお前を呼んでいる。」

(4)　ŋanko　qoja-ta　ku-nu-ŋ-ni-n　pəʕo-n.
あそこで　トナカイ-具(能)　不完了-食べる-現在-3 単主-3 単目　キノコ-絶単
「あそこでトナカイがキノコを食べている。」

人間の固有名詞が動作対象となる能動文は不自然だが、「野田首相は仕事に追われている」という受動文は自然である。すなわち、動作者が動作対象より階層が高い場合には能動文が自然、逆に動作者が動作対象よりも階層が低い場合には、受動文が自然になるのである。

動詞の屈折体系における対格型と能格型の混在

コリャーク語やチュクチ語は、このように格標示という形態面で、S=P≠A という明確な能格性を示していることから、「能格型」言語に分類されている。しかし、形態、統語面において一貫した能格型を示すかというとそうではなく、対格型と能格型が混在している。

まず、形態面について見る。たとえば、コリャーク語の動詞は、複雑な主語と目的語の一致の体系を持つが、動詞の屈折パラダイムのなかで整然とした能格性を示すのは、結果を表すアスペクト形式だけである。コラム 16 の結果アスペクトの例を見ていただきたい。(1)は kmiŋal「出産する」という自動詞の文、一方、(2)は jto「産む」という他動詞の文である。いずれも意味的には近いが、前者は主語しかとらないのに対し、後者は主語と目的語をとる。前者が主語しかとらない自動詞なのは、kmiŋal のなかにすでに目的語 kmiŋ「子ども」

【コラム 16】能格性を示す結果アスペクトの例

（1） Cejvəŋe-Ø ɣa-kmiŋal-len.
チェイヴゲ（女性名）-絶単 結果-出産する-3単主
「チェイヴゲが出産した。」

（2） Cejvəŋe-na-k ɣəmmo ɣa-jto-jɣəm-Ø.
チェイヴゲ-有単-所（能） 私（絶） 結果-産む-1単目-3単主
「チェイヴゲは私を産んだ。」

が含まれているからである。ちなみに -al は名詞から動詞をつくる接尾辞である。したがって、（1）では、主語の「チェイヴゲ」は絶対格で現れるのに対し、（2）では能格で現れている。一方、目的語の「私」は（1）の主語同様、絶対格で現れている。ここで肝心なのは、動詞の側の人称標示である。（1）の -len は3人称単数主語を（2）の -jɣəm は1人称単数目的語を表す。すなわち人称標示は能格的である。

一方、それ以外の屈折形式には、おおまかにいえば、能格型（二双・複）と対格型（一単・複、二単、三単複）の混在が見られる（非未来不完了形の人称標示を示した表8参照）。すなわち、能格型を示すのは接尾辞 -tək（二双複）、対格型を示すのは接頭辞 t-（一単）、mət-（一複）とゼロ（二単、三単）である。灰色部分はSとPが同形式である能格型、斜線部分は、SとAが同形式である対格型を示している。

表8を見ると、他動詞双数主語の標識が欠落していること、ne-/na- という主語そのものを具体的に指示する機能はなく、他動詞の主語と目的語が一人称＞二人称＞三人称単数＞三人称複数という階層に逆行する場合に示される反転標識があることなどが観察され、動詞の一致システムは、一筋縄ではいかない複雑さを見せている。したがって、ごく簡略化して示すことしかできないが、この屈折パラダイムにおいては、対格と能格が表9のように棲み分けられているといえる。

節連接における対格型と能格型の混在

対格型と能格型の混在は、以上のような形態面だけでなく統語面でも観察される。すなわち、節連接の種類によって、対格型の場合と能格型の場合で分かれる。つまり、名詞修飾節は一貫した能格型を示す一方で、名詞節、副詞節などの従属節や、等位構文は対格型を示す。

表８　非未来不完了の人称標示

<table>
<tr><th rowspan="2"></th><th>自動詞</th><th colspan="2">他動詞</th></tr>
<tr><th>S</th><th>A</th><th>P</th></tr>
<tr><td>1単</td><td>t-</td><td>t-</td><td>ine-/ena-〜-ɣəm</td></tr>
<tr><td rowspan="2">2単</td><td rowspan="2">-Ø</td><td>-Ø</td><td rowspan="2">-ɣi/-ɣe</td></tr>
<tr><td>ne-/na-</td></tr>
<tr><td rowspan="2">3単</td><td rowspan="2">-Ø</td><td>-Ø</td><td rowspan="2">-n</td></tr>
<tr><td>ne-/na-</td></tr>
<tr><td>1双</td><td>mət-</td><td>——</td><td>-mək</td></tr>
<tr><td>2双</td><td>-tək</td><td>——</td><td>-tək</td></tr>
<tr><td>3双</td><td>-ŋi</td><td>——</td><td>-net/-nat〜-n</td></tr>
<tr><td>1複</td><td>mət-..（-la）</td><td>mət-</td><td>（-la）-mək</td></tr>
<tr><td rowspan="2">2複</td><td rowspan="2">（-la）-tək</td><td>（-la）-tək</td><td rowspan="2">（-la）..-tək</td></tr>
<tr><td>ne-/na-</td></tr>
<tr><td>3複</td><td>（-la）-Ø</td><td>ne-/na-</td><td>-new/-naw〜-n</td></tr>
</table>

表９　動詞の一致のタイプ

<table>
<tr><td colspan="4">1人称</td><td colspan="2">3人称</td><td colspan="6">2人称</td></tr>
<tr><td colspan="2">単</td><td colspan="2">複</td><td colspan="2">複</td><td colspan="2">単</td><td colspan="2">複</td><td colspan="2">双</td></tr>
<tr><td colspan="9">対格型</td><td colspan="3">能格型</td></tr>
</table>

コラム17の(1)(2)は名詞修飾節の例である。(1)では「歩く」という自動詞が、その主語に当たる「少年」を修飾している。一方、(2)では「つくる」という他動詞が、その主語ではなく、目的語に当たる「糸」を修飾している。すなわち、名詞修飾を受けるのが、自動詞主語か他動詞目的語である点で、能格的なふるまいをするといえる。

一方、等位構文では、基本的に先行節の述語が自動詞であっても他動詞であっても(言い替えれば主語が絶対格を取っても能格を取っても)、後行節は先行節の主語を主語とする。すなわち、対格的である。コラム18の(1)は、先行節が自動詞の例、(2)は他動詞の例である(＊は文法的に不適格であることを示す)。

このように、コリャーク語の能格性は、形態的にも統語的にも一貫していないのだが、実は、世界にある能格型の言語の大半は、程度の差こそあれ、コリャーク語同様に対格と能格の混在型であるといわれている。首尾一貫した能格性を示す言語としては、今のところ、オーストラリア原住民語の一つジルバル語が唯一知られるのみである(Dixon 1994)。

なぜ、コリャーク語において能格と対格が混在するのか、また、能格性と形態的あるいは統語的現象にはどのような相関性があるのか、これらの問いは、類型論的にも見てもきわめてスリリングだが、その答えは残念ながらまだ見つけることができていない。

【コラム 17】能格的な名詞修飾節

（1）qajəkmiŋ-ə-n,　［ʕamin　ajɣəve　lejv-ə-lʕ-ə-n
少年-挿入-絶単　間投　昨日　歩く-挿入-分詞-挿入-絶単
tənup-ɣəpəŋ］
山-沿
「昨日山を歩いていた少年」

（2）ŋajejo　jəccət-o,　［tejk-ə-lʕ-u］
それら（絶）　糸-絶複　つくる-挿入-分詞-絶複
「つくったそれらの糸」

【コラム 18】対格的な等位構文

（1）En'pic-Ø　jet-ti-Ø　to　vetɣa　ʕejŋew-ni-n-Ø.
父-絶単　来る-完了-3 単主　そして　すぐに　呼ぶ-3 単主-3 単目-完了
「父親は来て，すぐに（父親は／*誰かが）彼／彼女（≠父親）を呼んだ。」（S＝A）

（2）En'pici-te　ʕejŋew-ni-n-Ø　kəmiŋ-ə-n　to
父-具（能）　呼ぶ-3 単主-3 単目-完了　子ども-挿入-絶単　そして
ʕeqev-i-Ø　jaw-ɣele-nv-ə-ŋ.
行く-完了-3 単主　雷鳥-探す-場所-挿入-与
「父親は子供を呼んで，（父親は／*子供は）雷鳥を捕まえに行った。」（A＝S）

第二節　チュクチ語を調査する

チュクチ語を研究対象に選ぶ

一九九二年七月、ハバロフスクから不安いっぱいでマガダン行きの飛行機に乗り込むと、どこを向いてもロシア人の顔、顔、顔。ますます気持ちが萎えてしまいそうになったそのとき、ふと隣の座席に目をやると、思いがけなくアジア系の顔立ちをした若い女性が座っていた。知っている数語のロシア語と身振り手振りを交えながら「あなたは何族ですか?」と尋ねると、なんと、「チュクチ」だと答えるではないか。チェリャビンスクの大学に通っていて、夏休みでチュコトカに帰省するところだという。

思い焦がれていたチュクチにこんなにもすぐに会えるとは思っていなかった私(徳司)は、うれしくなって、さっそくその場で、チュクチ語の聞き取りを始めた。マガダンに到着するまでになんとか、「頭」「口」「耳」「手」「指」という五つの身体部位名称を聞き取ることができた。チュクチ語はすでに若年層ではあまり話されていないのではないかと思っていたのだが、予想に反して、この若いチュクチ女性は明瞭にチュクチ語の単語を発音してくれた。こうして私のチュクチ語のフィールドワークは、マガダン行きの飛行機のなかで始まった。

私は内モンゴル大学の大学院を修了し、北海道大学文学部での一年間の研究生としての期間を経て、再び大学院生として学ぶことになった。チュクチ語について知ったのは、その研究生のときである。惠も書いているように、その当時、北海道大学の言語学研究室では、エスキモー語の専門家である宮岡伯人先生のご指導のもと、北方諸言語研究がとても活発に進められていた。大学院生たちの多くは、シベリアか北米にフィールドを持ち、毎年夏休みになると、長期のフィールドワークに出かけ、対象とする言語の記述に取り組んでいた。フィールドワークこそ、言語のバランスの取れた理解を可能にするという宮岡先生の教えのとおり、学生たちは音声の聞き取りから始まる文字通り一からの調査に地道に取り組んでいた。一方、私が学んでいた内モンゴル大学大学院では、もっぱら文献を中心とした研究が主流だった。また、モンゴル語学の名だたる教授陣の講義を、受け身的に拝聴する授業が多かった。だから、学生たちが、文献資料のあまりない言語を自らフィールドに赴いて記述していくという研究のやり方は、私にとって非常に新鮮だった。

とりわけ、宮岡先生のエスキモー語の授業では大いに啓発をえた。先生にはシベリアにもエスキモー語が分布しており、隣接するチュクチ語とはさまざまな影響関係があること、しかし、両言語は系統的にはまったく別の言語であること、両言語ともに一語が非常に長くなる複統合的な言語であるが、両言語の複統合性の性格はだいぶ違うものであること、エスキモー語もチュクチ語も能格型言語であることなど、さまざまなことを教えていただき、これまでまったく知らなかった世界へと導いていただいた。私の母語であるモンゴル語とも、支配民族の言語である中国語とも、そして日本語とも違うなにかとてもエキゾチックな言語であるらしいこのチュクチ語に、私は大いに興味をそそられた。

と同時に、「複統合型」とか「能格」とかいう用語を耳にしているうちに、私はチュクチ語について知ったのが実はそれが最初ではないことに気がついた。内モンゴル大学の大学院生時代に、一九八九年に出版されたばかりのバーナード・コムリーの『言語普遍性と言語類型論──統語論と形態論』の中国語版を読んだのだが、そのなかで複統合性や能格の例としてチュクチ語があげられていたのを思い出したのだ。あらためて、その中国語版を読み返してみると、「複統合型」は「多重総合型」、「能格」は「作格」と訳されている。

「多重総合型」としてあげられているチュクチ語の例は、**T-ə-meyŋə-levtə-pəyt-ərkən.**「私はひどく頭が痛い」というもので、**meyŋə**「ひどく」、**levtə**「頭」、**pəyt**「痛む」という三つの自立語が一つに合成されている「語」であると説明されている。つまり、一語のなかに多くの形態素(意味を持つ最少の単位)を含みうる場合、「複統合的」といい、そのような性質を持った言語を「複統合型言語」という。しかし、当時は意味的には文のようなものなのに、形のうえでは「語」であるということが理解できず、どうしてそういうことになるのかと首をかしげたことを覚えている。意味と形が一対一で対応しないことがありうることを、モンゴル語と中国語だけの知識では理解できるはずもなかった。

私は、チュクチ語とのこの思いがけない再会に、なにか運命的なものすら感じた。折しも、北海道教育大学の故・谷本一之先生率いるチュクチの伝統芸能に関する文部省科学研究費による共同研究の調査がペヴェクで行われ、調査報告や映像を谷本先生主催のシンポジウムや言語学談話会などでうかがうことができた。トナカイを追って遊牧生活を営むチュクチの姿が、私の田舎のモンゴル草原の暮らしと重なり、なにかしら親近感を感じたのを覚えている。こうして、日本語も英語もロシア語もまだままならない状態だったにもかかわらず、私は無謀にもチュクチ語を研究対象としてみたいと密かに思うようになっていたのである。

猛勉強が始まる

その思いを宮岡先生にお話しすると、先生はきっと「なに？　チュクチ語のフィールドワークをしてみたいだって？」と驚かれたのだろう、すぐに次のようなことをいわれた。チュクチ語は非常に面白い言語ではあるけれど、シベリアでのフィールドワークは大変苛酷だろうし、なにより研究として通用するためには相当の覚悟を持って取り組まなければならないこと、まずは言語学の基礎をしっかり固め、英語やロシア語もマスターしなければならないことなど。一時の思いつきでやっていけるような柔な研究対象ではないと、しっかり釘をさしておかれたかったのだと思う。

チュクチ語の調査の際に媒介言語となるロシア語をマスターしなければならないことはいうまでもなかったが、それと並行して英語もマスターしなければならないというのは、私には大きな負担だった。内モンゴル大学では外国語として日本語を学んだため、それまで英語にはまったく手をつけたことがなかったのである。いったいどこからどのように勉強に手をつけたらいいのかわからず、とりあえず英語のラジオ講座とテレビ講座を勉強し始めた。それを知った宮岡先生は、「そんな勉強をしていても到底、言語学の英文文献を読んだり、英語で論文を書いたりできるようにはなりません。サピアを読みなさい、サピアを！」とおっしゃった。そして、当時、講読の授業で読んでいた、言語学研究室の英語がよくできる日本人学生でさえその難解さに頭を抱えるエドワード・サピアの『言語』を読むように勧めてくださった。そのうえ、先生は二週間に一回ずつ、マンツーマンでサピアの講読の指導をしてくださった。エスキモー語学の世界的権威である先生に、それも先生が敬愛してやまないサピアを英語のＡＢＣもわからない私が直接ご指導いただいたとは……。このことを思い出すたびに、深い感謝の気持ちとともに、穴があったら入りたいくらい、身の縮まる思いにかられる。

その日から、私は文字通り死にもの狂いでサピアに取り組んだ。サピアの文章はきわめて難解なうえに、一文一文が長いため、英語初心者かつ日本語の母語話者ではない私には、構文と主述関係を的確に把握し、内容を正しく理解して日本語に訳すのは、至難のわざだった。初めのうちは夜中の三時過ぎくらいまで頑張っても、せいぜい三行ほどをなんとか表面的に訳すくらいのことしかできなかった。授業でもまともな訳出ができたためしなど一度もなく、毎回、消え入りたいくらいに恥ずかしい思いをした。しかしそれでも、私はあきらめなかった。あのときの宮岡先生の忍耐強い叱咤激励と私の必死の悪あがきがなければ、曲がりなりにも英語で論文が書けるようになった今の自分、そしてチュクチ語をあきらめずに続けている今の自分は絶対にありえなかっただろうと思うのである。

初めてのフィールド、ヤヌラナイ村

結果的に英語の勉強に多大な時間をとられてしまい、ロシア語の勉強まではほとんど手が回らない状況だったが、宮岡先生や大学院生たちがこぞってフィールドに出かける夏休みはいやがおうでもやってきた。そして、私も初めてのフィールドワークに旅立つことになった。

スコーリクなどのロシア人研究者は、主にウエレンなど東部地域のチュクチ語を対象に研究してきたが、私が取り組むことになったのは、西部地域のチュクチ語だった。ペヴェクに調査で行っておられた故・谷本一之先生が、現地の博物館に連絡を取ってくださったおかげで、マガダンから北極海に面したチャウンスキー湾に位置するペヴェク空港に着くと、博物館の館員である背の高い美しいロシア人女性が私を出迎えてくれた。しかし、どうやら私の旅の目的は彼女にはなに一つ伝わっていないようだった。片言のロシア語と身振り手振りを交えて説明しようとしても、結局なに一つ理解してもらうことができなかった。唯一、私が何度も発する「チュクチ」ということばから、彼女は、「この男はどうやらチュクチのいる所に行きたいのだな」ということを察したらしい。空港から車で三〇分ほどの所にあるチュクチの村ヤヌラナイに私を連れて行ってくれた。

ヤヌラナイ村はチュクチが経営するトナカイ遊牧ソフホーズの中心で、当時、周辺に五つのトナカイ遊牧ブリガードを擁していた。ここでいう「ブリガード」というのは、トナカイの群れとともに移動する牧民のグループと、宿営地で留守を守る老人や女性、子どものグループとを合わせた集団を指す。

そのロシア人女性は私を村の小学校の校長先生に引き合わせると、ペヴェクに戻って行った。すると今度は、この校長先生とロシア語が通ぜず難儀した。困り果て、二人で無言のまま村のなかをとぼとぼ歩いていたそのとき、モンゴル人風の頬骨の突き出た女性に出くわした。まさかこの北極海沿岸の村でモンゴル人？とは思ったが、思い切って、モンゴル語で「セーン・ベーノー？（お元気ですか）」と声をかけてみた。すると、相手はびっくりしたように、「ハイン・バイナ（元気です）」と答えた。ああ、まさかこんなところでモンゴル人に会えるとは！私の話すチャハル方言では「セーン（元気だ）」が、この女性のことばでは「ハイン」となっているのは、彼女が同じモンゴル系の言語のなかでもブリヤート語の話者であることを示していた。しかし、お互いに意思の疎通は十分にできた。

そのブリヤード女性は、リューダといって村のソフホーズの会計として働いていた。こうしてようやく私は、リューダを通して自分がその村に来た目的を村の人々に理解してもらうことができた。

写真28　ヤヌラナイ村のチュクチ女性

いよいよ調査が始まる

先にも述べたように、ヤヌラナイ村はチュクチを中心とする村で、年配の人たちはたいていチュクチ語を話すことができた（写真28）。なかでも、ずっとツンドラのトナカイ遊牧地で暮らしていて、退職して初めて村に定住するようになったチュクチの多くは、ロシア語を話すことができなかった。彼らは広大なツンドラに居住しているため、ほかの言語の影響を受けにくい状況にある。したがって、六〇代以上の年配者の多くは日常的にチュクチ語を母語とし、ロシア語はほとんど話せない。また、四〇代から五〇代では、チュクチ語とロシア語を併用しているものの、どちらかといえばチュクチ語の方が流暢な人が多い。ところが、三〇代以下の若年層になると、チュクチ語の運用能力はいちじるしく低下している。さらに、二〇代以下になると、もはやチュクチ語を流暢に話せる人はほとんどなく、大半がロシア語に同化している。

すなわち、チュクチ語は中・高年層では今もなお母語としての地位を保っているものの、若年層では急速に衰退の方向に向かっており、代わりにロシア語が母語になりつつあるのである。とはいえ、コリャーク語のようにかなり奥地の村に入っても適当な話者が見つからないか、仮に見つかってもそのほとんどがロシア語との二言語併用者であるという状況に比べれば、研究者にとってはずいぶんと恵まれた環境ではあった。

私はこの最初のヤヌラナイ村訪問の際、六〇代のチュクチ男性からほぼ一〇日間にわたって聞き取り調査をおこなった。彼はツンドラのトナカイ遊牧地での生活を終え、年金生活者になってからこの村に移住して来たため、ロシア語が話せなかった。今思うと、ロシア語もわからないこの人とどうやって意思疎通をはかりながら調査をしたのか、不思議でしかたない。ただ、男性には息子さんがいて、ときどきロシア語で通訳をしてくれたのを覚えている。窮すれば通じる。なんとかなるものだ。

このチュクチからは、基礎語彙を聞き取っただけではなく、短い数編の民話、歌などを収集した。チュクチにはそれぞれ飼い犬やトナカイのことを歌った「自分の歌」があるが、彼からも「自分の歌」を聞くことができた。初めて耳にするチュクチ語の音声は、声門閉鎖音がやたらに多いために、つっかえつっかえ発話しているような印象を受けた。初めての調査にわくわくしているうちに、あっという間に一〇日が過ぎた。

男性の名前はエットウギさんといった(写真29)。彼は、リトクーチ村にチュクチ語がよくできる妹がいるから、そちらに行ったらいいと勧めてくれた。そう、そのエットウギさんの妹さんこそがその後、約一〇年間にわたり、コンサルタントとして私にチュクチ語について最も多くを教えてくれた、六二頁で述べたゲウトワリ(写真23)さんだった。

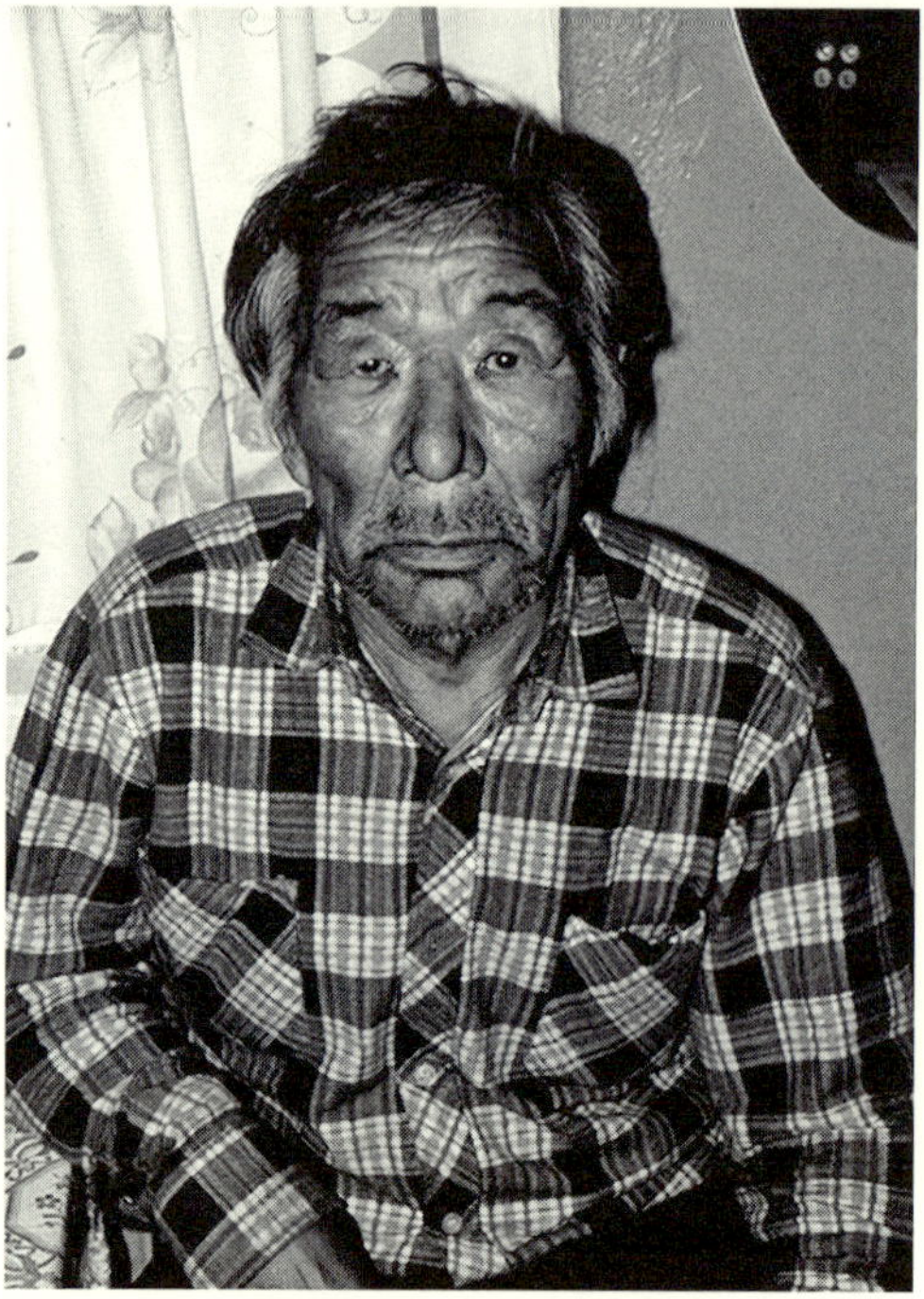
写真 29　エットウギさん

話ができる人間ならば

リトクーチまでは、ヤヌラナイ村からペヴェクに車でいったん戻り、夏ならばそこから船でチャウンスキー湾を南下していかなければならない。この時期、ツンドラは地表の永久凍土が溶け出して、湿地帯のようになり、車で走行することが大変困難になるからだ。強風が吹き荒れるチャウンスキー湾を、大揺れの石炭運搬船に胃袋をかき混ぜられながら揺られること六時間、真夜中にようやくリトクーチの村にたどり着いた。真夜中といえども、白夜のこの地域では子どもたちは夜が更けるまで表で遊んでいた。みんないったいいつ寝ているのだろうかと不思議だった。

子どもたちはこの遠来の外国人に興味津々で、私を見かけると、「アフトーブス（ロシア語で「バス」の意味）！」とはやし立てながらぞろぞろついてきた。この村のどこにバスが走っているのだろうと思ったら、私の「トゥグス」の音が「アフトーブス」に似ているからとのことであった。一方、大人のチュクチたちは私を「トゥグース」以外に、チュクチ語で「エーテルウン（来た人）」と呼んだ。

エットウギさんの妹であるゲウトワリさんは、ペヴェクの博物館の館員でもあり、村に小さな自分自身の博物館を開いて、民芸品や民族衣装を展示したり、見学に来る人々にツンドラでの火起こしの方法などを体験させてくれたりしていた（写真30）。チュクチの言語や文化についてなら、ゲウトワリさんに聞け！というくらい、チュクチの伝統文化に通じた女性だった。そのうえ、お兄さんのエットウギさんと違って、ロシア語も達者だった。

初めてゲウトワリさんに会って、私が彼女にチュクチ語を教わりに来たのだと告げると、彼女は私のロシア語が相当おぼつかないことを見てとって、一言ひとこと噛みしめるようにロシア語でこういった。「トゥグース、心配しなくていいよ。私たちチュクチは昔からずっと犬といっしょに暮してきた。犬とだって、チュクチはちゃんとコミュニケーションをとることができるのさ。だから、お前も大丈夫。同じ人間じゃないか。きっとお前にだっていつか私たちのチュクチ語がわかるときがくるさ」

もちろん、私は彼女のいうことをすぐに理解できたわけではない。ところどころ彼女の話をさえぎり、辞書を引きひき、なんとか理解したのだ。そして、そのことば通り、彼女はそれから毎日毎日、身体部位や数詞、身の回りのものの名前を何度もなんども辛抱強く繰り返して発音して聞かせてくれ、少しでも私がチュクチ語を理解できるようになるようにと協力してくれたのだった。

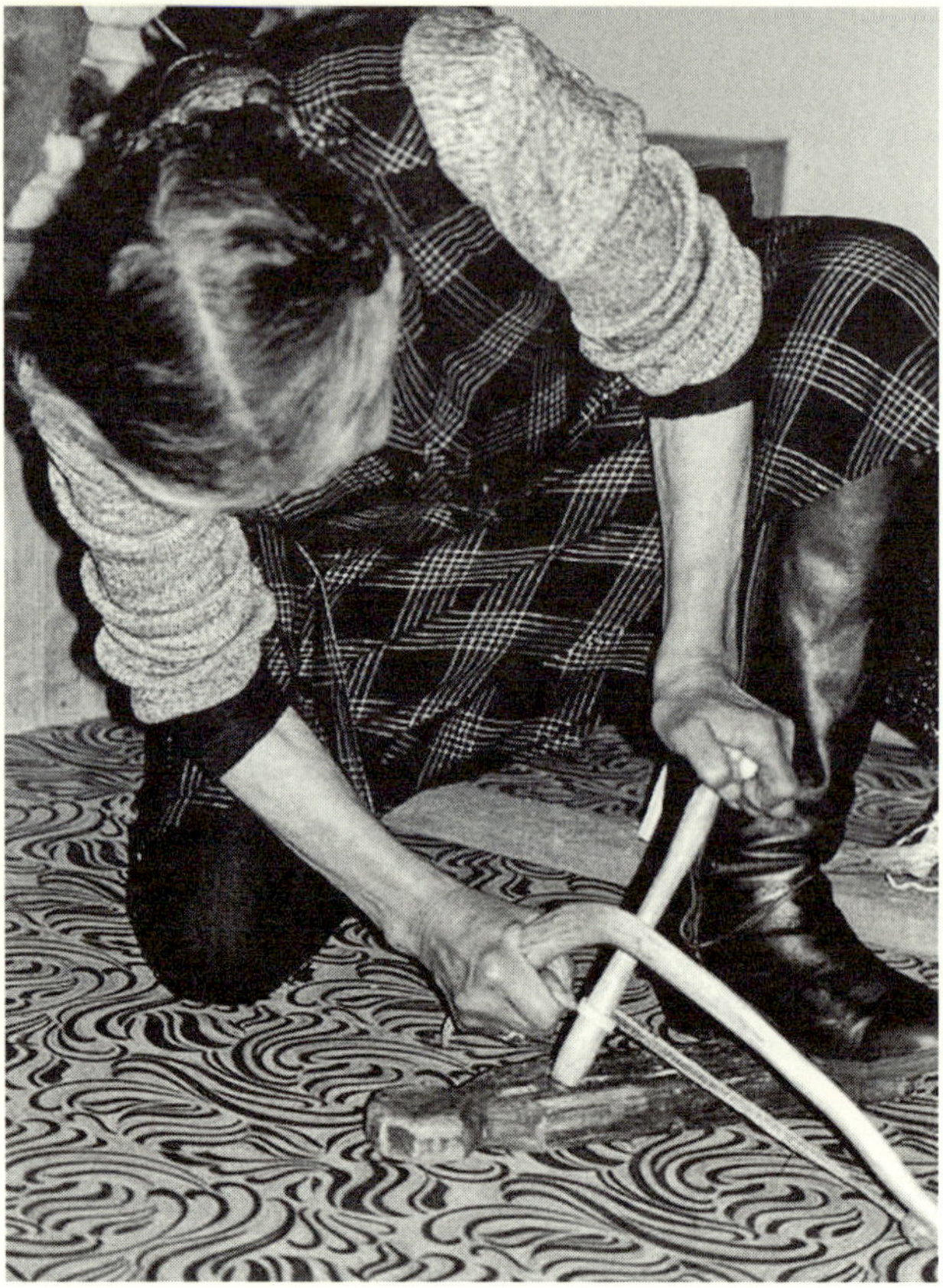
写真 30　火起こしのしかたを見せてくるゲウトワリさん

そんな単調なチュクチ語の聞き取り調査（というより授業？）の合間に、ゲウトワリさんは民話を話してくれることがあった。それは書き取れば数行で終わってしまうような、ごくごく短いものだったが、初めのうちはそれを録音し、音韻表記し、意味を取り、形態素分析するのに何日もかかることがあった。しかし、この一連の作業は言語学のフィールドワークでは不可欠なものである。

ツングース語学の世界的権威、故・池上二良先生は、北海道大学を退官されたのちも、よく紫色の風呂敷包み片手に私たちの言語学研究室を訪ねてくださった。そして、これからフィールドに出かけようという学生に、フィールドで民話などのテキストを採るときには、録音して終わりでは何の意味もない。必ず、滞在中に音韻表記、分析、和訳を済ませておかなければならないとアドバイスをしてくださった。私もそのアドバイスをできるかぎり忠実に守ろうと思った。この作業はたしかに手間はかかるが、研究を啓発してくれるたくさんのヒントを秘めているからだ。

あるとき、民話に出てくるトナカイの糞についてゲウトワリさんが説明してくれていたときのことだ。糞について、それも息子くらいの歳であるとはいえ異性に説明するのは気が引けたのだろう、遠回しな説明が続いた。私はますます訳がわからなくなってしまい、すっかり困惑してしまった。すると、彼女は万策尽きたと観念したのか、おもむろにしゃがみこんでいった。「トゥグース、見なさい！　トイレに行ってこうやって座っていたら、いったい後ろからなにが出てくる？」と。

チュクチ語もロシア語もわからずに始めた初期の調査は、一事が万事こんな調子だった。しかし、ゲウトワリさんはこんな私を見捨てることは決してしなかった。

先に述べたように、チュクチ語にはロシア人学者スコーリクの書いた文法書など、すでに優れた先行研究の蓄積がある。調査では、ぜひそれらの先行研究であげられている例文についてゲウトワリさんに確認してみたいと思っていた。少しずつ調査にも慣れ、ゲウトワリさんとのコミュニケーションもなんとか取れるようになってきたころである。スコーリクの文法書にはコラム19の（1）のような例文があげられていた。

さらに、「頭」を動詞「切る」と抱合させた（2）のような例文が続いている。「トナカイの頭」の「頭」だけを動詞「切る」に抱合させ、その動詞複合体の外側に「トナカイ」をおく、いわゆるストランディング（stranding）の例である。

私はあるとき、ゲウトワリさんから同じような抱合の例文を引き出そうと思いついて、まずこの二つの文をいってみた。すると、彼女から思いもかけない反応が返ってきた。「トゥグーズ、チュクチがいつトナカイの頭を切ったりなんかしたことがあるか？　お前はトナカイの解体作業を見たことがないのか？　チュクチの習慣も知らないくせに、勝手な作文をするもんじゃない！」（写真31〜33）

彼女の怒りはそれでも収まらず、とうとう翌日になるまで一言も口をきいてくれなかった。これはもちろん先にも述べたように私が勝手に作文したものではなく、スコーリクが文法書に載せている例文なのだが。

たしかに、モンゴルでもヒツジやヤギなどの解体をする際には、いきなり頭を切ったりはしない。まずは、開腹して絶命させ、地面に血を流さないように細心の注意を払いながら、作業をおこなう。このような入念な家畜の取り扱いは、殺しによって食をえているモンゴル人の対象に対する最大限の敬意の表れともいえる。私はその

【コラム 19】チュクチを激怒させたスコーリクの例文

（1）　Cawcəwa-ta　ne-cwi-ne-t-Ø　lewt-ə-t　qora-k.
遊牧民-具(能)　反転-切る-3 単主-3 複目-過去　頭-挿入-絶複　トナカイ-場所
「遊牧民はトナカイの頭を切った。」

（2）　Cawcəwa-ta　ne-lewt-ə-cwi-net-Ø　qora-t.
遊牧民-具(能)　反転-頭-挿入-切る-3 単主-3 複目-過去　トナカイ-絶単
「遊牧民はトナカイを頭切りした。」

ときはまだトナカイの解体作業を見たことがなかったが、たしかに我々モンゴル人の感覚からしても同じく牧畜民であるチュクチが無造作にトナカイの頭を切って解体をおこなうはずはないことは容易に想像できた。その後、わかったことだが、チュクチはまず、ナイフを心臓に突き刺して絶命させ仰向けに倒した後、皮を剥いでシートにし、そこから決まった順番で解体していくのである。いきなり、「トナカイの頭を切る」などといわれて腹を立てないわけはない。

データを丹念に集め、そこから理論的枠組みが見えてくるにまかせる帰納的プロセスを最優先する言語学者であっても、データのなかからある程度の規則化の見通しが立ち始める感触がつかめると、つい結論を急いでしまうことがある。コンサルタントから多少、不自然な例文でも無理やり引き出して、自分の見通しに当てはめようとしてしまうのである。そんなときのコンサルタントからはたいてい、「まあ、間違ってはいない。ただ、あんまりいわないけどね」というような、困惑半分、投げやり半分の微妙な反応が返ってくるものだ。しかし、これが自分たちの文化のナイーブな部分に抵触しようものなら、ゲウトワリさんのような容赦ない反応が引き起こされる可能性も大いにあるのである。ロシア人でありながらチュクチ語を研究したスコーリクが少数民族であるチュクチに対して強圧的だったとはとうてい思えないが、なんとなくその場の流れで違和感を感じつつも、そのままやり過ごしてしまったかもしれないチュクチ語話者の、支配民族であるロシア人に対する心の内を想像せずにはいられなかった。

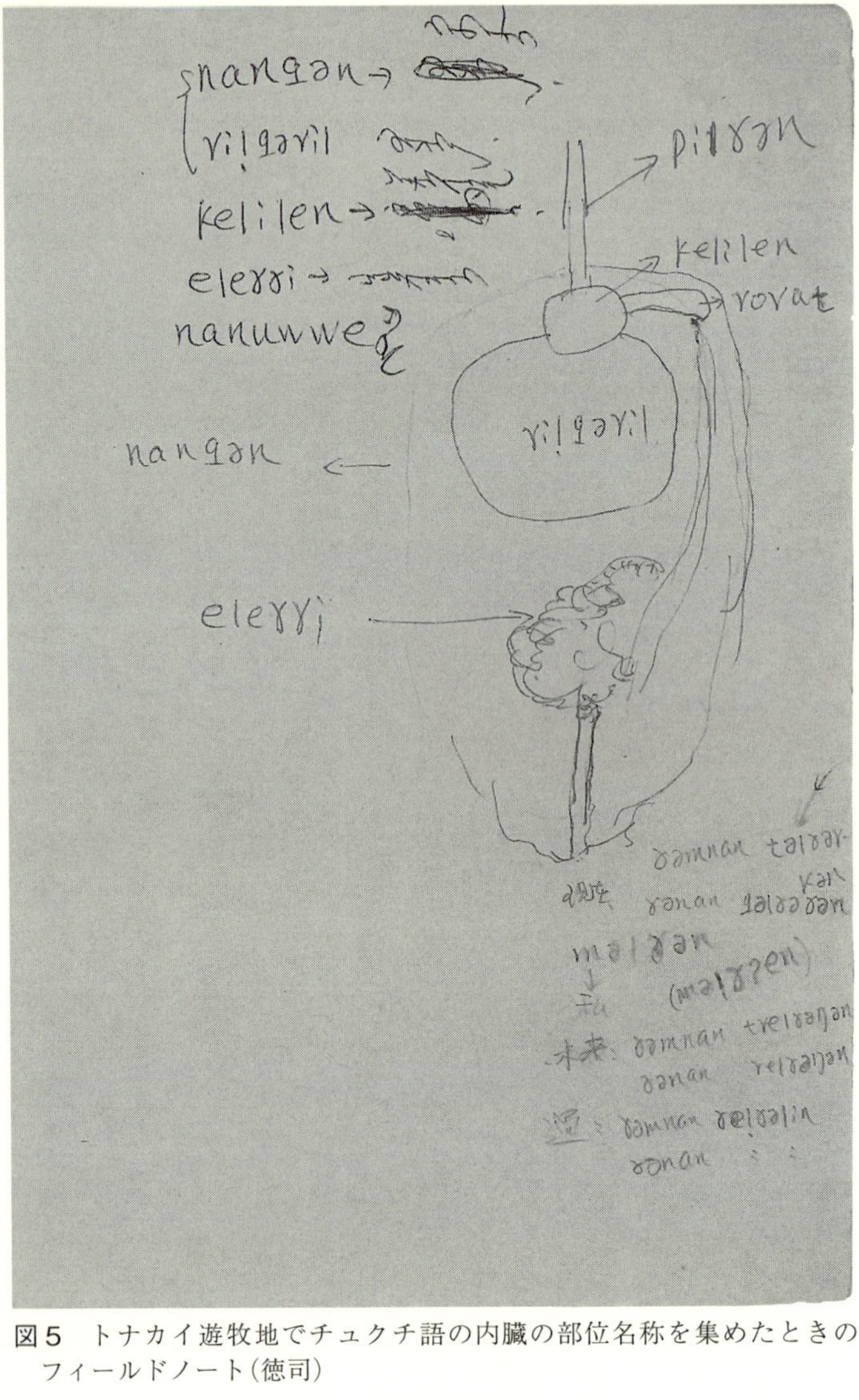

図５　トナカイ遊牧地でチュクチ語の内臓の部位名称を集めたときのフィールドノート（徳司）

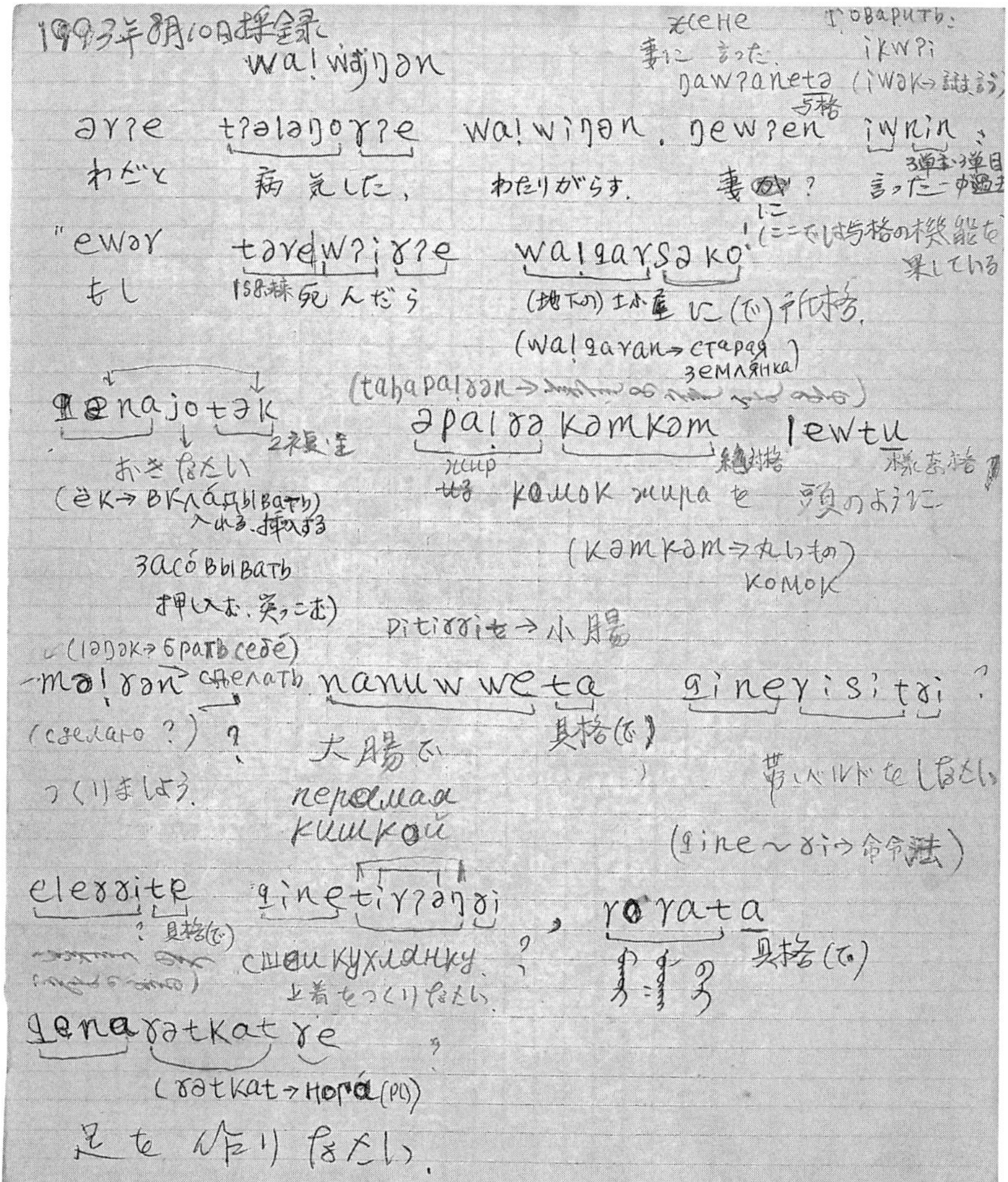

図６　チュクチの民話「ワタリガラス」を書き取ったフィールドノート(徳司)

写真 31　トナカイの捕獲

写真 32　トナカイの解体作業（1）

写真33　トナカイの解体作業(2)

一方、ゲウトワリさんは怒ってはみたものの、内心は「トゥグースはあんなひどい文をいったけど、本当はいったい何が知りたかったのだろう？」と想像をめぐらせていたようだ。翌日、ようやく口を聞いてくれるようになった彼女は、「トゥグース、お前はもしかして、こんな例を聞きたかったんじゃないかい？」といって、次々といろんな例をあげ始めた。それらの例は、動詞が名詞や副詞あるいは別の動詞など、さまざまな要素を抱合しながら拡張していき、長い動詞複合体をつくり上げていく実に面白い例だった。「よし！　しめた！」と心のなかで叫んだ。昨日までのぎくしゃくと硬直した雰囲気がいっきに緩み、「これがコムリーのいっていたpolysynthetic（複統合的）な例だな」と、たしかな手ごたえを感じさせてくれる調査へと一転した。

複統合性を支える仕組み

チュクチ語（やコリャーク語）の複統合的性格を支える主要な形態的手段は、すでに先に言及したが、「抱合 incorporation」と呼ばれるものである。名詞の前に多くの修飾語幹を付けて長い名詞句をつくる場合も、動詞に名詞、形容詞、副詞などさまざまな語幹を結合して長い動詞複合体をつくる場合も「抱合」というが、なかでも動詞に名詞語幹を結合させる「名詞抱合」は研究者にもよく知られている。名詞抱合は形態的には語でありながら、文に相当するような意味を表しうる点で形態論と統語論にまたがる刺激的な現象として、これまでも多くの研究者を惹き付けてきた。チュクチ語やコリャーク語以外に、新大陸のインディアン諸言語、さらに近いところではアイヌ語にも見られる現象である。

いくつか実際の例を見てみよう。まずはコラム20の（1）。たとえば、日本語では「太陽が沈んだ」は主語の「太陽」と自動詞「沈む」がそれぞれ自立語として、格助詞を伴ったり、過去を表す語尾を伴ったりして分析的に表される。一方、チュクチ語では、「太陽」という名詞語幹が「沈む」という動詞語幹に「抱合」され、全体で一語として表される。「太陽」と「沈んだ」が合体していることを示すために、「太陽沈みした」と訳しておく。

これに対し、（2）は日本語同様、名詞を抱合させずに分析的に表した文である。

ちなみに、抱合形と分析形には、前者が一般的、習慣的できごとを表すのに対し、後者は一回的、特殊的できごとを表すという機能的な違いがあるといわれている。

ところで、抱合される名詞は自動詞主語だけではない。他動詞目的語（3）や、手段（4）、位置（5）などを表す

【コラム 20】チュクチ語の名詞抱合

（1）　Terk-amesat-ɣʔe-Ø.
太陽-沈む-3 単主-過去
「太陽沈みした。」

（2）　Tirkətir-Ø　　amesat-ɣʔe-Ø.
太陽-絶単　　沈む-3 単主-過去
「太陽が沈んだ。」

（3）　Kətəjɣ-ə-n　　ɣa-jara-npeqetaw-len.
風-挿入-絶単　　完了-家-倒す-3 単主
「風が家倒しした。」

（4）　Qora-ta　　ineŋ-Ø　　rənn-ə-saro-ne-n-Ø.
トナカイ-具（能）　荷物-絶単　　角-挿入-突き上げる-3 単主-3 単目-過去
「トナカイは荷物を角突き上げした。」

（5）　Jatjol-Ø　　luur　　otkosʔ-ə-kwa-ɣʔe-Ø.
キツネ-絶単　　突然　　罠-挿入-かかる-3 単主-過去
「キツネは突然，罠かかりした。」

斜格名詞も抱合される。ただし、他動詞主語は抱合されない。

しかし、このように名詞と動詞の二語が抱合しただけでは、動詞複合体はそれほど長くなるわけではない。チュクチ語に特徴的なのは、単に一つの名詞と一つの動詞が抱合されるだけではなく、多くの語幹を自由に抱合することができる点である。ここで、そのいくつかを紹介しよう。まず、動詞に抱合される名詞語幹 **kojŋ**「コップ」にさらに修飾語幹 **meml**「水」が抱合している例を見ていただきたい（コラム21の（1））。

コラム21の（2）のように、二つの目的語 **melɣ**「マッチ」と **taʔa**「タバコ」が並列的に動詞 **rer**「探す」に抱合されることも可能である。

コラム21の（3）は目的語 **kuk**「鍋」、道具名詞 **iməl**「水」のいずれもが、動詞 **nilu**「ゆすぐ」に抱合される例である。

コラム21の（4）はさらに複雑かつ統合度の高い抱合の例である。「たたむ」という動詞語幹に「速く」という副詞語幹、目的語に相当する名詞語幹「レインコート」が抱合され、さらに、「レインコート」は「乾かす」という動詞語幹に修飾されている。長い抱合語がつくられ、統合性が非常に高まっている例である。全部でなんと五つの語幹が結合されてでき

【コラム21】複合的な抱合による複統合語

（1） ŋewəsqet-Ø　memI-ə-kojŋ-ə-najmak-wʔe-Ø.
女の子-絶単　水-挿入-コップ-挿入-手渡す-3単主-過去
「女の子は水入りコップを手渡した。」

（2） ʔaasek-a　ɣa-melɣ-ə-taʔa-rer-len.
青年-具(能)　完了-マッチ-挿入-タバコ-探す-3単主
「青年はマッチとタバコ探しした。」

（3） T-ə-kuk-iməl-nilu-ɣʔek-Ø.
1単主-挿入-鍋-水-ゆすぐ-1単主-過去
「私は鍋を水でゆすいだ。」

（4） Mən-ɣaɣl-ə-kəkwat-okkanse-nsəmqat-sen-mək.
希求1複主-速く-挿入-乾かす-レインコート-たたむ-強調-1複主
「乾いたレインコートを速く畳もう。」

（5） Ɣa-jʔa-kətɣənt-ə-nomakaw-qaa-ɣatat-len.
完了-とても-速く走る-挿入-準備する-トナカイ-追う-3単主
「彼／彼女はとても速く走り，トナカイの群れを追うために準備をした。」

た語である。

こんなに長くかつ文のような意味を持ったものを「語」というのかと、読者のみなさんは納得がいかないかもしれない。しかし、この例では、前後から一人称複数主語を表すmən-と-məkというマーカー、すなわち、ひとまとまりで一つの意味を表す接周辞がこれら五つの語幹を挟み込んでおり、その結果、形態的にはまぎれもなく一語としてのまとまりを形成している。

以上見た例だけでも、世界には私たちの理解を超えた不可思議な言語があることを教えてくれる。しかし、これらはいくら長くても、文でいえば単文レベルでの抱合である。ところが、驚くべきことに、チュクチ語では重文や複文に相当する抱合も可能なのである。たとえば、コラム21の（5）の例は「とても速く走り」と「準備をした」という二つの等位節が並んでおり、かつ「トナカイを追う」が「準備をする」の目的節となっているというような構造なのである。

私がゲウトワリさんから聞き出すことができたこのような複文に相当する例は、おそらくいままで先行研究では気づかれていなかったものであり、理論研究にとっても重要なデー

【コラム 22】ことば遊びのなかの複統合語

（1）　問：　Teŋ-uwʔel-irʔ-ə-qətap-rer-ə-rkən.　Meŋin?
とても-黒い-服-挿入-豊かな土地-探す-挿入-現在　だれ
「真っ黒な服装で，豊かな土地で(餌)を探している。　誰だ？」

答え：Walwəjŋ-ə-n.
わたりがらす-挿入-絶単
「わたりがらす」

（2）　問：　Ewl-ə-nalɣ-ə-ŋojŋ-ə-ɣatte-nute-leiw-ə-rkən.　Meŋin?
長い-挿入-皮-挿入-尻尾-挿入-ずるい-土地-歩く-挿入-現在　だれ
「長いしっぽが付いたずるいものがツンドラを歩いている。　誰だ？」

答え：Selɣəreqokarɣ-ə-n.
キツネ-挿入-絶単
「キツネ」

（3）　問：　Mas-ləla-pəlm-armasʔ-ə-lʔalan-jəlqat-ə-mŋo-rkən.　Meŋin?
ほとんど-目-かすむ-強い-挿入-冬-寝る-挿入-準備する-現在　だれ
「ほとんど目が見えなくて，強くて冬には寝るようにしている。　誰だ？」

答え：Kejŋ-ə-n.
熊-挿入-絶単
「クマ」

タとなる価値の十分あるものであろう。ゲウトワリさんが「トナカイ頭切り」の一件で怒りとともに噴出させてくれたこれらの抱合の例は、その重要性を彼女自身がちゃんと認識していたかどうかはさておき、いわば「けがの功名」ともいえるものだった。アクセスも生活環境も厳しい土地での必ずしも楽しいことばかりではないフィールドワークで「報われた！」と思えるのは、まさにこのようなかけがえのないデータが採れた瞬間である。

ところで、チュクチ語のこのような複統合性は、ことば遊びのなかにも生きている。日本語でいえば、「パンはパンでも食べられないパンはなんだ？」式のなぞなぞの質問部分が、どれも非常に長い複統合語の形式になっている（コラム22の（1）〜（3））。

外でテントの覆いを縫い直すリューダさん

第三章　知の「領域」への探検　言語人類学

言語の文法から文化の文法へ

言語学者のなかには、もっぱら言語そのものに興味があり、その言語を話す人々や文化にはあまり関心のないタイプがたまにいる。ある言語の音声について研究しているが、その民族が常日ごろなにを食し、どのような生業を営んでいるのかなど別に知りたいとは思わないと公言してはばからない言語学者もいる。たしかに、たとえば音声のように言語外の現実にあまり影響されない相対的に閉じられた体系をなしている分野を研究する場合には、当該民族の文化に関する知識はそれほど必要がないのかもしれない。音声学者が、できることなら、話者を録音環境のいい日本の実験室にお連れして、そこで外からの雑音を遮断してその音声を録音し、最新の音響分析ソフトを駆使して研究したいと思っていたとしても、決してそれは不思議なことではないし、間違ってもいないと思う。なぜなら、いったんフィールドに出ようものなら、雑音をシャットアウトして音声を録音することなど至難のわざだからである。アパートの台所の、普段は開けっ放しの戸をわざわざ閉めて、コンサルタントの語る民話の録音をしていて、話も佳境に入ったちょうどそのタイミングをねらったとばかりに、魚釣りから戻った家族の誰かが釣り具をガチャガチャいわせながら闖入してきたりして、あまりの悔しさに歯ぎしりしたことも一度や二度ではない。そんなときには決まって、いっそコンサルタントを日本に連れてきて、誰にも邪魔されずに録音できたらどんなにいいだろうと思ったものだった。

しかし、音声、文法というようにある言語の部分を切り取るのではなく、全体的にその言語を見渡し記述しようという立場に立つならば、言語の背景にある文化的コンテキストを無視するわけにはいかない。これはおそらく、言語の働きをどのように捉えるのかということとも大いにかかわっているだろう。すなわち、言語はただ単に意思伝達の手段として機能するだけではない。言語はそれを話す民族の環境に対する認識と生態的適応からなるあらゆる側面を刻み込み、そして記号化という営みを通して具現化している。言い換えれば、言語は当該民族の、彼らを取り巻く多様な環境に対する認識と適応戦略のありかたを語彙や文法に映し出す、いわば文化をその根底で支える土台ともいえるものである。したがって、言語研究が当該民族を取り巻く諸環境とそれに対する適応対処のしかたを一切無視しておこなわれることには、常に誤った言語学的分析をおかす危険が潜んでいるのである。

いや、そのような堅苦しい理屈を述べるまでもなく、対象とする民族の生業の現場であるフィールドに入ったことがある言語学者ならば、それまで町のアパートの一室で穏やかにおこなってきた音韻や文法といった調査が、否応なしにかき乱され、大きな軌道修正を迫られる目に会ったことがあるのではないだろうか。

たとえば、私たちのフィールドであるツンドラを例にとってみよう。人々はそこでトナカイ毛皮を何十枚もはぎ合わせてつくった質素なテントで暮らしているが、そのなかでは、中央に焚き火が燃えており、それを取り囲むように、寝室用の帳がいくつもかかっている。そして帳と帳の間には、少なくとも私たちの目には雑然としか見えないような状態で、家財道具が無造作におかれたりかかったりしている。さらに、焚き火の横にはスープ皿を三皿ほどおいたらいっぱいになってしまいそうな小さな座卓がある。しかし、私たち調査者に都合のいい、書き物ができるような机もなければ椅子もない。電気もガスもとおっていないから、暗くなったら読み書きもできない。そのうえ、いちばん肝心な調査の対象となる人々は、男性ならトナカイの捕獲や橇の修理、女性なら煮炊きや毛皮の加工などで朝から晩まで忙しく立ち働いており、とても長時間、単調な文法調査などに引き止めておくことなどできる雰囲気ではない。およそツンドラのトナカイ遊牧地は、言語学のフィールドワーク向きではない環境なのだ。そして、これまでの村での落ち着いたフィールドワークで慣れていた頭を一八〇度転換しなければばならないことを思い知らされるときがくる。

しばらく右往左往するうちに、私たちはいつのまにか彼らを自分の方に呼び寄せるのが難しいのなら、こちらから彼らについて歩き回ったほうが得策ではないかと考えるようになった。彼らの仕事をかたわらで観察したり、ときに手伝ったりすることで、これまでの村での文法調査ではえられなかったような幅広くかつ生きた情報をえることができるとしたら、それはそれでフィールドワークならではの成果に違いないと思ったのである。

そうこうしているうちにも、トナカイ遊牧に漁業、狩猟、植物採集とさまざまな生業をめぐる民俗語彙が、文法記述の背景などという控えめな枠を突き破って、怒涛のごとく押し寄せてきた。トナカイ、魚、野生動物、植物、地形、道具や乗り物、衣食住などなど、ツンドラは民俗語彙の宝庫である。それを知ってしまった以上、あたかもそこにはトナカイの群れなどいないかのように、あたかもツンドラも森も川もないかのように、閉じられた文法の世界に没頭していることは難しくなってきた。いったんツンドラに迷い込んでしまったが最後、自分がやりたい調査と今できる調査との間でどのように折り合いをつけていくのかという喫緊の問題が眼前に突きつけられた。ランダムに蓄積されていくこれらの民俗語彙をパソコンのファイルに放り込んで蓋をしておくのか、それともその宝の山に真正面から向き合ってみるのか。自分の持ち時間と相談しながら、決断を下すのは決して生やさしいことではない。

民俗分類を本業とするのは、たしかに言語学ではなく、文化人類学の一分野である認識人類学である。認識人類学では、「名付けるという行為は、知覚の領域に秩序をもたらす、もっとも主要な方法とみなすことができる」(松井一九九一：七)として、内容分析や音素の弁別素性といった構造主義言語学の理論的枠組みを応用することによって、名付けの背後にある民俗分類構造、言い換えれば、「文化の文法」の解明を試みてきた。上述のように言語には当該民族の環境に対する認識と生態的適応のありようが刻印されている以上、言語からのアプローチは文化理解の前提となるといっても過言ではない。

とはいえ、民俗分類やエスノサイエンスの領域では、言語学はいわば認識人類学にひさしを貸したままの形になっている。しかし、本来、フィールドで当該言語の記述をなりわいとする我々フィールド言語学者もこれらの領域に無関心でいられるはずはない。文法調査を進めるかたわらで蓄積されていく民俗語彙に四つに取り組む時間的余裕をひねり出すのは決して容易ではないとしても、民俗語彙の奥に潜む当該民族の認識体系を掘り起こしていく仕事を、認識人類学者に任せ切ってしまってよいものであろうか。これは、フィールドで生きた言語と格闘した言語学者ならば大なり小なり必ず抱く疑問であるにちがいない。

そこで、本章では、私たちがそれぞれのツンドラにどのように着地し、紆余曲折を経て民俗語彙と向き合うに至ったのかを振り返ってみたい。お世辞にも民俗語彙と四つに取り組んだなどとは言えないし、そもそも民俗語彙という膨大な語彙の集積が、常に民俗分類のよき対象となるわけでもない。時間表現、トナカイ名称など体系を構成する要素の範囲を限定しやすい領域があるかと思えば、限定が難しい領域もあり、どんな対象でもきれいな体系を描いて見せることができるわけでは決してない。しかしそれでも、ツンドラを自分たちのフィールドワークの場所に選んだ私たちは、民俗語彙の収集や民俗分類体系の掘り起こしに見て見ぬふりをすることはできなかった。コリャーク語についてもチュクチ語についても私たち以外に、この仕事をやる人が今後現れる見込みはほとんどなかった。そして、そうこうしている間にも、トナカイ遊牧の崩壊と、これと表裏一体をなすかのように進んでいるコリャーク語やチュクチ語の衰退は速度を増すばかりだった。

もちろん、それ以前からも、毛皮動物やサケ・マスなどの魚の乱獲、金をはじめとする鉱物資源開拓のためのツンドラの自然破壊など、一六世紀以来のロシア人のシベリア開発によってツンドラの生態系は徐々に蝕まれてきた。トナカイなき後のトナカイ遊牧民たちのそもそも生き残りそれ自体が危うい今、民俗語彙の収集はなによりも優先されなければならなかった。私たちのフィールドノートは、いつしか音韻や文法に関するデータに加え、思いつくままランダムにあげただけでも、トナカイ、野生動物、魚をめぐるさまざまな情報、罠猟などの狩猟方法、地形、衣食住、道具類、皮の加工方法、調理、遊牧ルート、植物利用などなど、民族学的な情報が次々に書き込まれるようになっていった（図1・図5）。

チュコトカの初夏、革服姿の女性

第一節　コリャーク語

生業の現場で調査したい

優れたコンサルタントであるチョチャ・イーラに出会い、調査はそれなりに順調に進んでいたにもかかわらず、私(恵)はまだフィールドワークになにか物足りなさを感じていた。なぜならば、チャイブハ村でも、その後チョチャ・イーラ一家が移り住んだエヴェンスク村でもコリャークの伝統的な生業であるトナカイ遊牧は営まれていなかったからだ。チョチャ・イーラもご主人もかつてはツンドラのトナカイ遊牧地で牧夫として働き、トナカイ毛皮で作ったテントで暮らしていたが、今では、年金生活者として電気も水道も通った村の木造アパートで暮らしている。村は住民の大半がロシア人であるため、一歩、外に出れば、チョチャ・イーラといえども、ロシア語を使用する以外に方法はない。いや、家のなかですら子どもたちはすでにロシア語しか話せなくなっているため、彼らとはロシア語で会話するしかないのである。チョチャ・イーラがコリャーク語を話せるのは、ご主人とごくわずかな友人だけというきわめて限られた範囲でしかなかった。

しかし、そもそも言語というのは、コミュニティの生活言語として話されているのが、正常な状態である。生活言語として話されているということは、言語が生業とも密接に結び付いた形で成立しているということである。私が研究対象としているコリャークの生業といえば、それは、トナカイ遊牧であり、漁業、狩猟、植物採集という副次的な生業である。その生業の現場から遠ざかった村のアパートの一室で、「私はあなたを愛しています」「あなたは私を愛していません」「彼は彼女を愛していました」などと、少なからず人工的な表現をコリャーク語に置き換えていく文法調査で、コリャーク語の本当の姿にアプローチできているのだろうかという疑問と不安がいつもつきまとっていたのである。

たしかに、アパートの一室での調査では、コンサルタントがつくってくれた例文の背景となる文化や語用論的意味を理解することはなかなか難しい。たとえば、こんなことがあった。私はツンドラでトナカイを群れから多数捕まえているようすを勝手に想像して、「私はトナカイを群れから捕まえました」とロシア語で「トナカイ」を複数形にして文をつくり、それをコリャーク語でなんというのか尋ねてみた。すると、チョチャ・イーラは、コリャーク語で「私は二頭のトナカイを群れから捕まえました」と、「トナカイ」の部分をわざわざ双数形に言い直して答えたのだ。

コリャーク語の名詞は単数、複数以外に、双数、つまり二つのものを区別して表す形式を持っている。たとえば、「一頭のトナカイ」なら「コジャーガ qoja-ŋa」、「二頭のトナカイ」なら「コジャト qoja-t」、「三頭(以上)のトナカイ」なら「コジャウ qoja-w」という具合にである。コリャーク語では名詞の前にわざわざ数詞を付けなくても、「トナカイ」という単語を聞いただけで、それが一頭か、二頭か、あるいはそれ以上であるかがわかるのである。このときも、もちろんチョチャ・イーラは数詞を付けずに「トナカイ」という名詞に双数を表す -t を付けるだけで、二頭であることを表したのである。私は、チョチャ・イーラはなぜわざわざ「二頭」と言い直したのだろうかと大いに気になった。そこで、彼女に尋ねてみると、「なぜって、トナカイ橇は二頭で走るでしょ」との答えだった。私はといえば、ただ漠然と群れからトナカイを捕まえる場面を想定してそのような文をつくってもらおうと思ったのだが、彼女にとっては、トナカイを捕まえるというからには、トナカイ橇を牽かせるためとか、角を切るためとか、去勢するためとか、生活と密接に結び付いた具体的な目的とコンテキストが必要だったのである。このように言語の背景にある文化を理解しないと、文の真の意味は理解できないことが往々にしてあるのである。

もう一つだけ、文化的背景がさらに複雑に文法と絡み合っている例をあげてみよう。トナカイ遊牧民コリャークはトナカイを飼養する一方で、野生トナカイを狩る。家畜トナカイと野生トナカイは動物分類学的には同一のカテゴリーに属するものと考えられている。ちなみに、たとえば日本語では両者は「トナカイ」の二次的派生語「家畜トナカイ」「野生トナカイ」のように、同一のものの下位分類として区別されている。英語でも同様に、両者は domesticated reindeer と wild reindeer のように、reindeer の下位分類として区別されている。

一方、コリャークは両者を別ものとして捉え、差異化している。まず、両者は相互に派生関係のないまったく別の語 qojaŋa「家畜トナカイ」、əlweʔəl「野生トナカイ」で表される。異なる語で表されるということは、異なるものとして認識されているということにほかならない。

さらに、両者が差異化されているのは、語彙レベルにとどまらない。コリャーク語では、「家畜トナカイを殺す」と「野生トナカイを殺す」は、対象を絶命させるという意味では同じ「殺す」という行為でありながら、言語的に差異化されている。すなわち、まず、「家畜トナカイを殺す」を表すには、二種類の方法が可能である。第一の方法は、名詞語幹 qoja「家畜トナカイ」と動詞 nm「殺す」を別々に分析的に表現する方法である（コラム23の（1））。

【コラム 23】分析形と抱合形で表される「家畜トナカイを殺す」

(1)　Qoja-ŋa　　　　　　　t-ə-nm-ə-ɣəʕən-Ø.
　　家畜トナカイ-絶単　　1 単主-挿入-殺す-挿入-3 単目-完了
　　「私は家畜トナカイを殺した。」

(2)　T-ə-qoja-nm-at-ə-k-Ø.
　　1 単主-挿入-家畜トナカイ-殺す-逆受動-挿入-1 単主-完了
　　「私は家畜トナカイを殺した。」

【コラム 24】分析形と語彙的接辞で表される「野生トナカイを殺す」

(1)　Əlweʔəl　　　　　　　t-ə-nm-ə-ɣəʕən-Ø.
　　野生トナカイ(絶単)　1 単主-挿入-殺す-挿入-3 単目-完了

(2)　* T-əlwe-nm-at-ə-k-Ø.
　　1 単主-野生トナカイ-殺す-逆受動-挿入-1 単主-完了
　　「私は野生トナカイを殺した。」
　　(以下，例の*は不適格であることを示す)

(3)　T-əlw-u-k-Ø.
　　1 単主-野生トナカイ-食べる-1 単主-完了
　　「私は野生トナカイを殺した。」

第二の方法は、すでに第二章第二節でチュクチ語に関して説明があったが、名詞語幹 qoja を動詞語幹 nm に抱合させる名詞抱合による方法である(コラム23の(2))。

分析的表現と抱合的表現の間に通常、前者は行為の一回性、特殊性、偶然性を表すのに対し、後者が行為の一般性、習慣性を表すという機能的違いがあるといわれている(Sapir 1911: 529)のは第二章第二節で述べたとおりである。すなわち、分析的な表現の方は、偶然性の高い特殊な状況での一回かぎりのトナカイの屠殺を意味する場合などに用いられるのに対し、抱合的表現の方は、食用肉の確保などのために日常的におこなわれる屠殺を意味する。

一方、「野生トナカイを殺す」ではいささか事情が異なってくる。すなわち、名詞語幹 əlwe「野生トナカイ」と自立動詞語幹 nm「殺す」を分析的に表現することは可能であるが(コラム24の(1))、名詞抱合は許容されない(コラム24の(2))。

このような表現上の制限は、上述の分析的表現と抱合的表現の機能的違いからもうかがわれる。すなわち、習

【コラム 25】分析形，抱合形，語彙的接辞を許容する「魚を殺す」

（1）　Kəcaw-Ø　　t-ə-nm-ə-ɣəʕən-Ø.
　　　カワヒメマス-絶単　　1 単主-挿入-殺す-挿入-3 単目-完了

（2）　T-ə-kcav-ə-nm-at-ə-k-Ø.
　　　1 単主-挿入-カワヒメマス-挿入-殺す-逆受動-挿入-1 単主-完了

（3）　T-ə-kcav-o-k-Ø.
　　　1 単主-挿入-カワヒメマス-食べる-1 単主-完了
　　　「私はカワヒメマスを殺した。」

慣的行為を表す抱合的表現が許容されないのは、野生トナカイを殺すという、コリャークにとってみれば偶然性の高い非日常的な行為に用いるには適切ではないためであろう。

野生トナカイの場合には、抱合的表現の代わりに別の表現が可能である。すなわち、名詞語幹 əlw「野生トナカイ」に「食べる、飲む」という具体的な動詞的意味を表す語彙的接尾辞 -ɯ/-o を付加してつくられた動詞によって、「野生トナカイを殺す」という意味が表される（コラム24の（3））。

さらに興味深いのは、魚の場合には上述の家畜に対する表現とも野生動物に対する表現とも異なるふるまいが見られることである。すなわち「魚を殺す」には、分析的表現（コラム25の（1））、抱合的表現（コラム25の（2））、語彙的接尾辞 -ɯ/-o を用いた表現（コラム25の（3））のすべての方法が可能である。

魚についてこのように三種類の表現が可能であるのは、いわば野生ではあるものの、活動が鈍る厳寒期の数か月以外ほぼ年間を通じて捕獲がおこなわれ、殺しが日常化している魚に対するコリャークの認識と適応対処のあり方を反映したものであると考えられる（写真34～36）。

以上をまとめると、家畜化した動物には分析的表現と抱合的表現が可能である。このことは、家畜トナカイだけでなく、儀礼的な供犠としてのみ屠殺され食用にはされないものの、やはり家畜化されている犬にも当てはまることからもうかがえる。

これに対し、野生動物には分析的表現と語彙的接辞による動詞形成が可能である。

写真 34　夏の引き網漁

写真 35　秋の釣竿漁

写真 36　秋の氷上穴漁

さらに家畜化した動物と野生動物の中間的な特徴を持つ魚類の場合には、分析的表現、抱合的表現、語彙的接辞のすべての表現が可能なのである。このように、あるできごとをどのような文法的手段によって表すのかというきわめて言語学的な側面にも、コリャークの人々が動物という自然環境をどのように認識しているのかという文化的側面が色濃く反映されるのである。

ところで、話は前後するが、上述の「食べる、飲む」を意味する語彙的接辞 -u/-o がこのように「殺す」の意味で用いられていることには、実際には発生した「殺し」の事実を、「食べた」「飲んだ」にすりかえることによってあいまい化しようとする意図が働いていることが想像される。同じく牧畜を生業とするモンゴルでも、同様のタブー表現が見られることは興味深い。モンゴル語(チャハル方言)では、コリャーク語のような語彙的接辞ではなく自立動詞によってではあるが、夏に屠殺することを šöl uux「スープを飲む」、秋に越冬用にまとめて家畜を屠殺することを ideš idex「食料を食べる」と、やはり直接「殺す」といわずに、「食べる」「飲む」と表現する。夏には乳製品を大量摂取するために、肉は補助食品的な意味を持つのに対し、秋の肥えた家畜の肉は主要食品としての意味を持つことが、この二つの表現からはうかがえる。と同時に、このような「殺し」に対する回避的表現が、牧畜を生業とする民族に共通する動物資源観を反映したものであるらしいことが推測される。

一方、上述のように、コリャーク語では、家畜トナカイには、野生トナカイに用いられるタブー的な語彙的接尾辞 -u/-o「食べる」「飲む」が用いられず、「殺す」という直截的な表現が用いられる。この点はモンゴルとは事情がやや異なるが、家畜動物と野生動物では再生サイクルへの人のかかわり方が異なるという事情があると考えることもできるように思われる。家畜は野生動物と異なり、人が去勢や群れの分割や統合を通じてその再生産を管理しやすい。言い換えれば、家畜の種の繁栄は人の管理の善し悪しにかかる部分が大きいともいえる。おそらくそのことが、「殺し」の回避の必然性を薄めているともいえよう。

ところで、「食べる」や「飲む」を表すには、語彙的接辞だけでなく、自立動詞 jukkə（他動詞）/ewjik（自動詞）「食べる」、pələk（他動詞）/iwwicik（自動詞）「飲む」がある。しかし、野生動物の殺しには、これらの自立動詞が用いられることはない。このことは示唆的である。語幹にたよらなければその意味・機能を表しえない接辞は自立語に比べると借用されにくく、それだけに古くから当該言語固有の形態素として使われていた可能性が高い。したがって、ここには、トナカイの家畜化以前、狩猟採集民時代の野生動物の殺しに対する認識のありようの残滓がうかがえると考えることもできるかもしれない。

以上、見てきたような言語表現上の語用論的違いは、コリャークが動物という自然資源にどのように向き合い認識し範疇化してきたのかということに対する理解なくして明らかにしえない。また一方では、このような言語表現上の違いの発見を契機として、私たちはコリャークの動物資源に対する認識・範疇化のありように迫ること

写真 37　ヤランゲのなかでの食事

ができるのだともいえよう。

かくして、私はいつも整理整頓が行き届いていて居心地のいいチョチャ・イーラの家に別れを告げ、ツンドラに向けて出発することになった。どんどん奥地に分け入っていく私を、周囲の人たちは「たくましい」とか「順応性が高い」とかいってくれた。しかし、そんなことはない。私は人が思うほど、たくましいわけでも順応性が高いわけでもない。コリャークと寝食をともにするとはいえ（写真37～40）、彼らが好んで食する発酵したサケの頭やトナカイの発酵した血などはいくらすすめられようと敬して遠ざける。コリャークたちがドライイーストで発酵酒をつくって回し飲みを始めても、決してその輪には加わらない。また、お日様が出ると、どこからともなく蚊が大量発生して、一日中、人間にまとわりついていたかと思うと、急に冷え込んで雪が降り、テントのなかの小さな焚火ではとても暖がとれないツンドラの夏にも、マイナス四〇～五〇度は当たり前の冬にも、

写真38　道中でのお茶の休憩

心のなかでは、行くたびに辟易する。そして、そもそもここには快適な季節というものがあるのだろうかとか、こんなところに幸せそうに暮らしているコリャークたちの気がしれないなどと思っているふとどき者である。ミヤマハンノキの樹皮を女性の朝一番のオシッコで色だしして染めたというトナカイ毛皮の衣類のツーンと嗅覚を刺激する匂いも、嗅がないですむならすませたいと思っている（ツンドラでの暮らしでは、それは不可能だが。写真40）。ツンドラには、コリャークの人々にとってはなくてはならない馴染みのものなのに、私にとっては耐え難いものがいろいろあるのだ。決して、それらのなかに水が砂にしみ込んでいくくらいすんなりと自然に入っていけるわけではない。

むしろおっかなびっくり降り立ったツンドラではあるが、私はそこで思いがけずコリャーク文化の文法の掘り起しに心惹かれるようになった。以下では私がどのようにツンドラの奥地に

写真 39　道中で食事する母娘

分け入って行ったかを述べるとともに、文化の文法のなかから人の名付けと家畜の名付けを取り上げ、どのようにして言語人類学の森に踏み込んで行ったのか、その一端をお話したいと思う。

写真 40　ミヤマハンノキの樹皮で染色したトナカイ毛皮服（アヤトギーニンさん）

コリャーク最北の集落クレスティキへ

さて、そんなコリャークの伝統的な生活を見るためには、いったいどこに行ったらいいだろうかと情報収集をしているうちに、コリャークが経営するパレンスキー・ソフホーズのなかでも最北に位置するクレスティキというところがあることがわかってきた。クレスティキは正式には「クレスティキ・トナカイ遊牧基地」といって、周辺のトナカイ遊牧ブリガードを統轄する小さな集落である。かつては、各ブリガードからトナカイをいっせいに集めてきて大量処理する基地として機能していた。

パレンスキー・ソフホーズには、多いときには全部で一四のトナカイ遊牧ブリガードがあったが、ペレストロイカにより引き起こされた経済的混乱の余波はこんなシベリアの辺境にも及んでいた。このソフホーズでも、個人所有、ソフホーズ所有にかかわらず、トナカイの頭数が激減した。そのなかでかろうじてトナカイ遊牧を営む場所として当時残されていたのが、クレスティキが統轄している第五、第一三の二つのトナカイ遊牧ブリガードだけだった。

そうと決まってからの私の行動は早かった。半年間、大学を留守にするための準備、現地での食料や交通手段の調達などのサポート体制を整え、二〇〇一年九月初め、クレスティキからエヴェンスク村に来ていた数人のコリャークとともに、私たちはトラックの荷台に山のような越冬用の食料を積み込んでエヴェンスクを出発した。

丸々二日間、道なき道を揺られて着いたのは、クバクという村だった。クバクは新クバクと旧クバクに分かれており、意外かもしれないが、新クバクにはアメリカとロシア合弁の金採掘の立派な工場が建っている。そこではマガダンなどの町からやってきた技術者たちが交代制で働いている。そのため、工場だけではなく、宿舎も食

写真41　ツンドラに忽然と現れる新クバク

堂もジムも完備されており、ここがツンドラのど真んなかかと目を疑うほどの実に快適な場所である(写真41)。

労働者の大半はロシア人だった。セヴェロ・エヴェンスク地区は、先住民たちによるトナカイ遊牧が衰退してしまったために、財政困難に陥っていたが、この工場が建ったおかげで税収入によって再び潤うようになった。

一方、私たちが着いた旧クバクの方には、崩れかけたバラックが何軒か建っているだけだった(写真42)。そして、そのバラックには一〇人ほどのコリャークが肩を寄せ合って暮らしていた。住民たちはセヴェロ・エヴェンスク地区の役場から委託されて、この地域の管理をしているとのことだったが、実際にはなにか公的な仕事に従事しているようすもなく、それぞれが魚を捕ったり、狩りをしたりして日を送っていた。捕った魚や野生動物は自分たちが食べる分だけでなく、工場の労働者から小麦粉や砂糖、そして彼らにとってなくてはならないウォッカを物々交換で入手しているのだった。そういえば、数年前、何人かのコリャークが

写真 42　旧クバクのバラックの前でゴムボートを修繕する若者

工場用のエチル・アルコールを誤飲して死亡したというのも、この旧クバクだった。その後、何度も火事があり、私が次に来るためにとおいて行った冬の衣類などが消失してしまったのもまた、この旧クバクだった。新クバクで働く人々は、工場と空港を往復するたびに、この旧クバクの傍らを通り過ぎていくのだが、物々交換をする人たち以外、この旧クバクのなかにわざわざ入って来る人はほとんどいなかった。しかし、私自身はその後、この旧クバクを中継点にして何年かトナカイ遊牧地に通うことになり、住民の人たちからは交通手段の確保などでさまざまな恩恵を受けることになった。

とりわけ忘れられないのは、旧クバクのなかでは最年長で、唯一、セヴェロ・エヴェンスク地区から給料を得ていたテナーヴィ・イヴァン・イヴァノヴィッイチさんである(写真43)。フィールドワークで訪れるたびに、スノーボードやら装甲車やらの交通手段を確保していただいたばかりか、ときには、トナカイ遊牧ブリガードでの調査行にも同行してい

写真43　行方不明のテナーヴィさん

ただいた。調査地では、魚を捕ったり、野生動物を狩ったりして、私の胃袋を満たしてくれた。ある年、私は夏でも寒冷なツンドラでの調査に体調を崩し、旧クバクに戻ってきてダウンしてしまった。そのとき、テナーヴィさんは、大雨のなか新クバクまで七キロの道のりを歩いて、私のために医者を呼びに行ってくれた。迎えの救急車で工場まで送ってもらい、すぐに清潔な医務室で診察を受け、薬をもらい、暖かい宿舎の一室を提供していただいた。テナーヴィさん自身はたとえ具合が悪くなろうとも、そんな手厚い扱いを受けることはなかった。崩れかけたバラックの汚れたベッドの上でじっと痛みに耐えるだけだった。

悲しいことに、実は、これがテナーヴィさんに会った最後となってしまった。フィールドから戻ってほどなく、彼がモーターボートで川を走行中に溺れて亡くなったらしいという知らせが入った。「らしい」というのは、いまだに彼が見つかっていないからだ。私は、今でも、行けば、いつでもあの穏やかな笑顔で出迎えてくれそうな気がして、テナーヴィさんがこの世にもういないということを信じることができない。

自然の恵み豊かなクレスティキ

クレスティキ・トナカイ遊牧基地は、北ははるかコリマ川、さらには北極海へと注ぎ込むオモロン川の上流から、その支流のクレスティキ川が流れ出す、ちょうどその接点に位置している（写真44・45）。海から遠い内陸部に位置するこの地域は、私が初めて越冬した二〇〇二年二月初旬にはマイナス六〇度を超える日が四日も続いたほどの酷寒の地である。とはいえ、ほかのコリャークの居住地域には見られないグイマツを中心とした針葉樹が豊かに生育する森林やツンドラ地帯は、多様な動物相や有用植物に恵まれている。また、オモロン川やそこに注ぎ込む大小さまざまの河川は魚類の宝庫でもあり、真冬の活動の鈍る季節以外には常に人々に豊富な食物資源をもたらしてくれる。ツンドラが不毛の地であるという私の先入観は、ここクレスティキに来て、見事に払拭された。

エヴェンスクからクバクまでトラックで二日、クバクでクレスティキ行きの準備に二日、そこからモーターボートに乗って一日がかりでオモロン川をさかのぼり、九月初めにようやくクレスティキに着いた。私はエヴェンスクから同行した、クレスティキ少人数初等小学校の教師ゾーヤ・インノケンティブナさんのお宅に一冬居候することになった。私と同じ年のゾーヤさんは、このツンドラの集落でもいつもマニュキアに化粧をして、わずか五〇メートル先の小学校に毛皮の長いコートを羽織って「出勤」する都会的な人だった。残念ながら、コ

写真 44　丘の上からクレスティキの集落を見下ろす

写真 45　クレスティキ・トナカイ遊牧基地

リャーク語の能力は怪しく、調査の相手には不向きだった。

翌日、ゾーヤさんに誘われて、集落の周辺を散策しに出かけた。クレスティキは、一八軒のログハウスと少人数初等学校とサウナ小屋が建っているだけの小さな集落で、端から端まで歩くのに五分とかからない。周囲にはだだっ広いツンドラが広がっている。ぶらぶら歩いていると、集落が途切れたあたりから、ブルーベリーがあたり一面すずなりになっていた。行けども行けども、その見事な景色は途切れることがなかった。「二、三日して落ち着いたら、ベリー摘みをしようね」と約束して、その日はそのまま引き返した。ところが、翌日、ツンドラは真っ白な雪景色に変わってしまった。ブルーベリーは誰にも摘み取られることなく雪の下に埋もれてしまった。自然資源は、小さな集落の住民たちに食べ尽くされるにはあまりに豊かだった。

クレスティキに着いて間もないころ、近所の若者たちに誘われてクレスティキ川に釣りに出かけたことがある。引き網漁をするのだという（写真34）。岸に付けたボートで網の一方側を固定しておいてから、少しずつ川に放して行き、網の全長ほど離れた地点で網を岸に引き上げた。その間、一〇分とかからなかったはずだ。しかし、数えると、なんとぴったり一〇〇匹のカワヒメマスが網にかかっていた。川もまた、住民たちの胃袋を満たすには十分すぎるほど豊穣だった。確かにここには、都会の生活には不可欠なさまざまなものはなかったが、それらがちっぽけに思えるほど、住民たちは豊かな自然の恩恵を受けて暮らしていた。そのようすは、着いて三日もたたないうちにわかってきた。

戸籍調査

私は、コリャーク語の調査を始める前に、まず、クレスティキの全戸を二週間ほどかけて訪ねて歩き、住民の人たちと知り合いになることにした。六か月の滞在期間をコンサルタント探しで無駄にしないように、予め住民の状況を把握しておこうと思ったのだ。そして、成人の住民に対しては、成育歴や家族構成などをそれこそ「根ほり葉ほり」尋ねた。しかし、少なくとも表向きにはこれに拒否反応を示す人は一人もなく、どの人も親切に私のしつこい質問に答えてくれた。

こうして住民たちの好意で順調に戸籍調査を続けるうちに、クレスティキのようすが少しずつわかってきた。クレスティキには、私が最初の調査で滞在していた二〇〇一年一月現在、全六〇人の住民が居住していた(写真46)。その民族構成の内訳は、コリャーク五一人、チュクチ四人、エヴェン四人、ロシア人一人であった。ただし、このうちロシア人を除くコリャーク、チュクチ、エヴェンは、それぞれパスポート上、そのように登録していたという意味で、実際に純粋な民族性を保持しているものは少なく、その多くはエヴェン、チュクチ、ロシア人との混血であった。全人口のうち未就学児童は九人、クレスティキ少人数初等小学校における就学児童は一二人、給与受給者一一人、年金受給者一二人(うち三人は障害者年金受給者)、無職一五人であった。クレスティキの住民は給与受給者、年金受給者ともに純粋に給与や年金だけで生活していくのは困難であるため、兼業として漁、狩猟、植物採集などにも従事し生計を立てていた。

ところでクレスティキの驚くべきところは、この全一八戸の家族のほとんど全員が、血縁関係にあることだった。クレスティキは、その名称がロシア語の「十字架」からきていることからもわかるように、コリャークの居

写真46　クレスティキの人々

住地としては決して古くないと考えられる。住民たちは、一九四〇年代に広い牧地を求めてカムチャツカから移住してきたコリャークの一派である。おそらく、親族で移住してきたコリャークたちが、先住民であるエヴェンなどと結婚することにより、この地に定住するようになったと見られる。

住民全員が血縁関係にあるという人間関係の濃さによって、相互扶助の関係はきわめて強固である。子どもたちはどこの家に行っても実の子のように養ってもらえるし、その一方で、実の子のように手伝いもさせられる。集落全体が固い血縁で結ばれた運命共同体なのである。誰かの誕生も死も住民全員の切実な喜びであり、そして悲しみであった。しかしその一方で、そのような濃い人間関係は、外来者の血によって薄まることのない閉鎖性、一つのコミュニティとしての先行きの暗さを暗示していた。もちろん、その当時は、このクレスティキが数年後に廃墟と化すとは誰一人予想していなかったはずだが。

コリャーク式名付けとロシア式名付け

各家を回って話を聞いているうちに、コリャークたちの名付けについて、興味深いことがわかってきた。コリャークたちは老若男女の別なく全員、表向きにはロシア式の名前を使っている。しかし、これとは別に皆、コリャーク語の名前を持っていることがわかってきた。たとえば、私が滞在していた当時、最年少だったのは、二〇〇一年七月二一日生まれの男の赤ちゃんだったが、その子も、イカヴァヴ・セルゲイ・ヴラディーミロヴィッチ（Ikavav Sergej Vladimirovich）というロシア式の名前を持つ一方で、アイヴルウン（ʕajvalʕan）「止め具をつけたトナカイ」というコリャーク語の名前を持っていた。

ロシア式の名前は、たとえば、プーチン・ウラディミル・ウラディミロヴィチのように、姓・名・父称の三本立てである。一方、コリャーク式の方は、姓も父称もなく名前だけの一本立てである。もちろん、コリャーク語の名前が伝統的なもので、ロシア語の方は新たに採用したものであることはいうまでもない。興味深いのは、ロシア式の名前に、一本立てのコリャーク式命名を三本立てのロシア式命名に改変していく際のコリャーク独自の工夫の跡が見て取れることである。

私がクレスティキで調べたかぎり、ロシア式命名には主に表10に見るように四つのパターンが見られた。

姓に父親のコリャーク語名、名前に自分のロシア語名、父称に父親のロシア語名を付けた（1）は、現在ほとんどの住民が採用している最も定着した命名パターンである。たとえば、上述の旧クバクでお世話になった故テナーヴィ・イヴァン・イヴァノヴィッチ（Tynav'i Ivan Ivanovich）さん（写真43）の命名の仕方はこのパターンによるものである。テナーヴィさんは一九五九年生まれだが、この年代になると、おそらく彼のお父さんもロシア語の名

表10　コリャークのロシア式命名法のバリエーション

〈姓〉	〈名前〉	〈父称〉
(1)父のコリャーク語名	自分のロシア語名	父のロシア語名＋-ヴィッチ/-ヴナ
(2)自分のコリャーク語名	自分のロシア語名	父のコリャーク語名
(3)父のコリャーク語名	自分のロシア語名	父のコリャーク語名
(4)父のコリャーク語名	父のロシア語名	自分のコリャーク語名

前を持っていたのであろう。そのことが、「父の名はイヴァン」という意味の父称に反映されている。ちなみに、自身のロシア語名は生まれたときに付けられたものだそうだ。

一方、それ以前の世代では少し事情が違っている。その世代に多い命名パターンは（2）のように、自分のコリャーク語名と自分のロシア語名をそれぞれ姓と名前に採用しているものである。これは、おそらくこの世代では父親がコリャーク語の名前しか持たない場合が多いことと関係があるだろう。その一例が、クレスティキの住民の一人、アヤトギーニン・ヴラディミル・エティンコヴァヴォヴィッチ（Ajatginin Vladimir Etynkovavovich）さん（写真19・36・40・49・50）である。彼は、コリャーク語の名前をアヤトギーニンといい、それを自分自身の姓にしている。彼の父親はロシア語の名前を持っておらず、エティンコヴァヴというコリャーク語の名前だけだったため、これにロシア語の父称を表す接尾辞-ヴィッチを付けて、父称エティンコヴァヴォヴィッチとしている。ちなみに、アヤトギーニンさんにも小学校に入学するまではコリャーク語の名前しかなかった。したがって、ロシア語の名前は小学校に入学した際に採用されたものである。ウラディミルというロシア語名は小学校に入るとすぐに先生に、「お前は今日からウラディミルという名前だよ」と決められ、以後、学校でコリャーク語の名前を名乗ることは禁じられたのだという。いわゆる「強制改名」である。

（3）（4）は珍しいパターンである。（3）のパターンに当たるイカヴァヴ・ヴィクトル・イカヴァヴォヴィッチ（Ikavav Viktor Ikavavovich）さん（写真52）は、もともと自分のコリャーク名を姓に、父親のロシア名を父称に採用したイカヴァヴ・ヴィクトル・ニコラエヴィッチ（Ikavav Viktor Nikolaevich）というロシア式の名前だったが、これでは父親のコリャーク語名が残らないと思い、父のコリャーク語名を姓と父称の両方に採用し、戸籍登録することになったという。このようなケースは、少なくともクレスティキではほかに見られない。また、(4)のパターンであるイクムナヴ・イヴチャイヴィン・イヴァノヴィッチ(Ikumnav Ivchajvin Ivanovich)さんは、イヴァンというロシア語の名前を役所で登録しようとしたが結局認められず、やむなくこのような命名になったとのことである。このような例外的な命名は、(1)のパターンが定着していく過程で現れたいわば「ゆれ」といえるかもしれない。

伝統的なコリャーク式名付け

一方、伝統的なコリャーク語の名前は、少なくともよそ者には、今ではニックネームか何かのように第二義的なもののような印象を与える。しかし、コリャークの人々にとっては、コリャーク語の名前の方がはるかに重要である。ロシア式命名方法が普及し、伝統的な命名の技術的側面が忘れかけられている現在でも、さまざまな方法でコリャーク語の名付けは受け継がれている。老年層のみならず、コリャーク語をすでに母語として話さなくなってしまった若年層にいたるまで、コリャーク語の名前を持つことはコリャークにとって当然のことであると考えている。コリャーク語をもはや話せなくなってしまった二〇代の若者たちですら、コリャークがコリャーク語の名前を持つのは当然のことであり、もし自分たちに子どもができたとしたら、必ず誰かに頼んでコリャーク語の名前を付けてもらうつもりであるという。

なぜなら、コリャーク語の名前は単なる個人を識別するためのラベルではないからだ。名付けの根底には、死後における再生という観念が流れている。すなわち、新生児を祖先の誰かが再生したものと考え、その新生児にその故人の名前を授けるのである。そうでないと、新生児は病気などの不幸に見舞われると考えられている。これは、コリャーク式命名方法が、コリャークの再生観念と密接に結び付いていることの反映である。バチャーノヴァ(二〇〇〇:一七〇)はコリャークの命名方法について、次のように記述している。

「赤ん坊がこの世に生を受けたあとに必ず行う儀礼としては、祖先の中のだれが再生したのか(……中略)、どういう名前でこの世へ現れたのかを特定する占いがある。赤ん坊が病気になるのは間違った名前が選択されたせいだと説明されることがしばしばあり、占いをし、古老たちと相談して、赤ん坊に新しい名前をつける」

新生児として再生する祖先の魂はウジージト(ujjit)と呼ばれる。占いはアーニャペリ(an'apel')と呼ばれる占い石を用いておこなわれる(写真47)。アーニャは「祖母/おばあちゃん」を表し、語末の-ペリ(-pel')は指小辞である。このように名付けられているのは、占いをおこなうのが、年配の女性であることとも関係あるだろう(写真48)。アーニャペリはまた、「クモ」の意味でも用いられるが、これは、トナカイの毛皮で包んだ石にビーズの房がいくつも垂れ下がっているこの占い石の形状にちなんでいると思われる。

内陸奥深いこのクレスティキにも占いのできる人がすでにいなくなってしまった。しかし、かつて、実際に占いをしている場面に立ち会ったことのある人もおり、彼らの記憶を再構成すれば占い石による占いは次のようにおこなわれた。

占いのできる年配の女性は命名の依頼を受けると好天の朝方を選び、静かな室内でアーニャペリを、縛った三本の木の結び目から吊るす。そして、すでに故人となっている親族の名前を次々にアーニャペリに向かって呼びかけていく。もし、その名前が新生児のなかに再生した祖先のそれと一致しない場合には、アーニャペリは揺れ

写真 47　占い石アーニャペリ

写真 48　占い石での名前占いを実演する年配女性

ないが、一致した場合には大きく左右に揺れるといわれている。それにより、新生児の名前が特定され、占いをおこなった女性により新生児の耳元でその名前がささやかれる。

ただし、命名は必ずしも一度だけ行われるのではない。子どもに病気などによる身体的異変が現れた場合、それは名前が合っていないからだといって、再度、占いがおこなわれるか、あるいは、子どもに現れた何らかの身体的異変と先祖のそれとを符合させて命名がおこなわれる。命名は子どもの病気などの身体的異変が改善するまで何度もおこなわれる。ただし、あまり何度も名前を換えるのは、その子どもにとってよくないとされている。ちなみに、私の知るなかで最も多くの名前を付けられたゲイコ・ウラディミル・ヴァシリエヴィッチ（Gejko Vladimir Vasil'evich　一九九九年生）という男の子は、母方の祖母のいとこの名前にちなんだレリュルウン（Lel'ulʕən）、トゥガントンヴァウ（Təŋantoŋvaw）、母方の曾祖母の名前ジェイテルゲウト（Jejtelŋewət）にちなんだジェイテル（Jejtel）、母方の祖母の兄にちなんだチャイヴルグン（Cajvurɣən）と次々に名前を換えていったが、常に火傷をしたり犬に噛まれて怪我をしたりした。そこで名前が合わないと判断して、母方の祖母が、姉が大火傷をしたがほとんど傷が残らずに治ったことを思い出して、その再来ではないかと考え、彼女の名前にちなんでケウェウゲウト（Kewewŋewət）と名付けたところ、それ以来、怪我や火傷をすることはなくなったという。

マイナス・イメージの名付け

コリャーク語の名前を調査しているうちに、語源が特定できるいくつかの名前のなかには、「汚い」を語源にもつリュクヴェ（L'əqve）、「曲がった」に由来するジョトゥギーグン（Jotəɣiŋən）、カラ（kala）「悪魔」に由来するカリアン（Kal'ʕaŋ）、「悪い」を意味するアトケン～エトケン（ʕatken～ʕetkin）、アリャームット（Al'amət）「ハエ」

など、いわばマイナス・イメージの名前があることがわかってきた。二〇年ほど前、東京都昭島市で新生児に「悪魔」という名前を付けたところ、親の命名権の乱用として市役所で受理が保留されたという事件が世間をにぎわしたことがあった。日本ではこのように大騒ぎになる「悪魔」という名前が、しかし、コリャーク語では正々堂々とまかりとおっているのである。

このような名付けはおそらく、北東アジアに広く認められる、難産などの変わった生まれ方をした幼児に対し、災難を避けるためにマイナス評価の名前を授ける伝統とも連関している可能性がある。ちなみに、この風習が現在でも広く保持されている民族に、モンゴルがある。災難が降りかかりそうになったときにこれを回避する意図があると思われるフンビシ(xünbiš)「人でない」、エネビシ(enebiš)「これじゃない」、モーノホイ(muunoxoi)「悪い犬」、バースト(baast)「糞つき」や、自分の名前を自分の魂と同一視して、これを他人に明かさないという意図が反映したと思われるネルグイ(nergüi)「名なし」、ヘンチヤーハヴ(xen č jaxav)「誰だっていいだろう」やチーヘンベ(čĭ xen be)「お前は誰だ」のような「奇妙な」名前が堂々と市民権を持っている。

伝統的名付けの衰退

このようなコリャークの再生観念を映し出した伝統的な名付けは、しかし、衰退の一途をたどっているのが現状である。クレスティキ周辺にはアーニャペリを使った占いができる女性は一人もいなくなってしまった。ちなみに、クレスティキで占いができた最後の女性クリュ・エヴドキヤ・イニーロヴナ(Klju Evdokija Inilovna)さん(一九二二年生)は一九九九年に亡くなっている。そのため、それ以降に生まれた子どもは、遠くヴェルフ・パレニ村に住む占いのできる数人の老婆に無線を使って命名を依頼することが多い。とはいえ、これも一時しのぎの応急対策にすぎず、彼女たちがその技術を次の世代に伝承していかないかぎり、いずれ完全に失われていくのを避けることは難しいであろう。

ちなみに、僻地のトナカイ遊牧地域から遠く離れたエヴェンスクの村の学校で学ぶ低学年の子どもたちの多くは、すでに自分のコリャーク語名を知らないのだという。彼らは、ロシア語の名前だけが自分の「真の」名前だと信じているため、教師がコリャーク語の名前を考えてやるという、これまでの伝統とは逆方向の名付けが起こっているようである。ただし、この名付けはその子どもたちの祖父母が小さいときに経験した「強制改名」とは違う、自民族の伝統が失われていくことに対する教師たちの小さな抵抗にすぎない。

新しいコンサルタント、イカヴァヴさん

各家への訪問が終わると、いよいよクレスティキでコンサルタントになってくれる人を決める段になった。とはいえ、調べてみると、六〇人の住民のうち、コリャーク語が不自由なく流暢に話せるのはわずか数人しかいないことがわかってきた。その六人も日常会話には、ロシア語を用いていて、コリャーク語が流暢な人たちどうしで会話するときだけ、コリャーク語を使うという具合だった。こんな僻地にもロシア語は深く深く浸透しているのだった。

その数人のコリャーク語話者を簡単に紹介しておこう。私が居候していたゾーヤさんのお隣りのアヤトギーニン夫妻から始めることにしよう。まずご主人のアヤトギーニンさん（写真19・36・40・49・50）。長らくトナカイ遊牧ブリガードで牧夫として働いていたが、今は年金生活者で、クレスティキに在住し、狩猟や漁をしている。もともとは、カムチャツカから移住してきた純粋なコリャークである。若いときはさぞかしイケメンであったであ

ろう長身で精悍な顔つきのアヤトギーニンさんは、私をトナカイ橇の後ろに乗せて、クバクまで送り届けてくれた人でもある。彼の家は、ゾーヤさんの家と壁一つで隔てられているのだが、私の寝ていたベットの壁一枚隔てた向こう側がアヤトギーニンさんのベットになっていて、よく猛烈ないびきの音が聞こえてきたものだ。

アヤトギーニンさんの奥さんのターニャさん(写真50)は、一九五五年生まれで、チュクチの父親とエヴェンの母親を持つ。彼女の母語はチュクチ語だが、周りにチュクチ語を話せる人が父親しかいなかったので、コリャーク語を幼少から習得した。エヴェン語は話せない。彼女はクレスティキ少人数初等学校でコリャーク語を教えていた。その後、アヤトギーニン一家は移住政策でクレスティキを後にし、オムスクチャンという村に引っ越したが、彼女は今でも私のコンサルタントを務めてくれている貴重な人材である。かつてそのあたりでは最も豊かな牧民であったチュクチの父親に非常に厳しく育てられたターニャさんは、女性の仕事をやらせても、ときには男性のやる放牧の仕事をやらせても、きっちりこなす責任感の強い人だった。その立派な人柄は、親族の精神的支えでもある。

アヤトギーニン家の、ゾーヤさんの家とは反対側の隣家は、ガーリャさん(写真51)の住む家だった。私はときどき、ガーリャさんを訪ねては、民話を録音したり、ツンドラの暮らしを語ってもらったりした。しかし、残念ながら、ガーリャさんは私がクレスティキを去って間もなく、亡くなってしまった。

ガーリャさんのお宅が集落の東の端ならば、西の端にあったのが、イカヴァヴさん(写真52)のお宅である。一九五〇年生まれのイカヴァヴさんは五〇歳で退職してブリガードを離れ、クレスティキに家族とともに移り住んできた。なんと、一四人の子持ちで、いちばんしまいの子どもは、孫の一人と同じ歳だった。細身の体に面長の顔に濃いあごひげを生やしたイカヴァヴさんは一見、哲学者のような風貌をしていた。今でこそトナカイ遊牧の第一線から退いてはいたものの、優れた牧夫であったことは言葉の端ばしから十分にうかがうことができた。

写真 49　アヤトギーニンさん

写真 50　アヤトギーニンさんと奥さんのターニャさん

写真 51　ガーリャさん(中央)

写真 52　イカヴァヴさんご夫妻

イカヴァヴさんはアヤトギーニンさんとはいとこどうし、奥さんのカーチャさんはターニャさんの妹である。ただし、カーチャさんは姉のターニャさんのようにはコリャーク語が流暢ではなかった。しっかりものの彼女は、いつ行っても、窓辺で家族の衣類の繕いものをしていた。

残るもう一人の話者は、カヴァヴターギンさん（写真53）である。亡くなった前の奥さんが、ターニャさんのお姉さんだった。イカヴァヴさんの家の斜め前に家があった。しかし、カバヴターギンさんは、いつも狩猟に出ていて、家に帰ってくることがあまりなかった。ようやく彼が帰ってきたのを聞きつけると、私はすぐに彼をゾーヤさんの家に呼んで、いろいろな話をコリャーク語で語ってもらったものだ。しかし、カバヴターギンさんはその後、胃病を患い、亡くなってしまった。

これらのコリャークのうち、私は結局、かつて第五トナカイ遊牧ブリガードのブリガード長を務めていたイカヴァヴさんに主たるコンサルタントとして協力していただくようにお願いした。アヤトギーニンさんは、私の道案内役として忙しかったし、奥さんのターニャさんには学校での仕事があった。ガーリャさんはあまり体調が思わしくなかったし、カヴァヴターギンさんは家にいることがほとんどなかった。イカヴァヴさんには胃腸に持病があって、狩りや漁でも遠出ができないので、家にいることが多かった。もちろん、それだけではない。イカヴァヴさんは決して饒舌というのではなかったが、話が理路整然として明瞭だった。私は、毎日、午前中をイカヴァヴさんとの聞き取り調査に当てることにした。

調査を始めると、私はだんだん、エヴェンスクの村でもできる文法調査だけをイカヴァヴさんとしているのが、なんだかもったいない気がしてきた。そこで、文法調査はそこそこに、彼がこれまでたずさわってきたトナカイ遊牧をはじめとするさまざまな生業について詳しく語ってもらうとともに、それらをめぐる民俗語彙を収集し始めた。クレスティキには半年近く滞在したが、そのうちトナカイ遊牧キャンプを訪れていた時間を除けば、ほとんど毎日のようにイカヴァヴさんのお宅にうかがい、トナカイ遊牧、漁労、狩猟、植物採集についての話をたっぷり聞かせていただいた。コリャーク語の民話こそイカヴァヴさんは何一つ完全に覚えているものはないといって語ってくれなかったが、日々の生業に関する語りは、十分、録音させてもらうことができた。

後述するように、その後の三年間、私はクレスティキからさらに奥地に入った第一三トナカイ遊牧ブリガード(班)というまさにトナカイ遊牧の現場を訪れることになるが、言語人類学的な調査の面白さに目覚めさせてくれたのは、ほかならないこのイカヴァヴさんだった。

写真53　カヴァヴターギンさん

第一三トナカイ遊牧ブリガードへ

クレスティキでの半年間で、私はコリャーク語の背景にある文化に対する理解を、これまでとは比べものにならないくらいえることができたが、まだそれでも満足というわけにはいかなかった。なぜなら、クレスティキの集落ではトナカイ遊牧のようすを見ることができなかったからだ。当時、クレスティキの周辺には第五と第一三という二つのトナカイ遊牧ブリガードがあった。その数字からもうかがえるように、セヴェロ・エヴェンスク地区のコリャークによるパレンスキー・ソフホーズには、ソフホーズ設立当初は一四のブリガードがあった。ところが、それがペレストロイカ以降、統合と縮小を繰り返し、二〇〇一年当時には、わずかこの二つのブリガードを残すのみとなってしまったのである。

このうち、クレスティキから西にそれほど遠くないところにある第五ブリガードは、私のクレスティキでのコンサルタントの一人イカヴァヴさんがブリガード長だったが、退職して、息子たちに後を任せていた。若者だけのブリガードにはもはやコリャーク語は保存されていない。イカヴァヴさんは嘆く。「トナカイ遊牧には、コリャーク語でないと表現できないことが山ほどあるのに、息子たちは、ロシア語でいったいどうやって放牧の仕事をするのだろうか」

一方、第一三トナカイ遊牧ブリガードでは、六五〇頭あまりのトナカイが昔ながらに放牧されているという。そこにどうやったらいけるのか、クレスティキの人々に相談を持ちかけた。

こうして、私たちは、オモロン川の河原に打ち捨てられていた小型バスの箱部分をトラクターに連結して、第一三トナカイ遊牧ブリガードに向けて出発した。案の定、予定外のコリャークも出発間際になってどやどやと乗

写真54　第13トナカイ遊牧ブリガード秋営地にて

り込んできた。なかには、おむつにする乾燥した苔の袋を背中に背負い、乳飲み子を抱きかかえた若い女性もいた。

　このコリャークの「創意工夫」に満ちたバスは、ツンドラの道なき道を、体中の関節がはずれてしまうのではないかと思うほど私たちを揺さぶりながら、のろのろと進んでいった。途中、凍りかけた川のど真んなかで一週間あまり立ち往生するというハプニングにも見舞われたことは上述のとおりである。一〇〇キロほどの距離をかれこれ一〇日あまりかけ、ようやく第一三トナカイ遊牧ブリガードにたどり着いた。

　第一三トナカイ遊牧ブリガードでは、人々はキガリ川の川岸に秋の宿営地を設営し、越冬用のフィッシングに余念がなかった。文明から遠く切り離され、おそらくずっと昔からそうであったような暮らしがそこにはあった。私はこの辺境のなかの辺境である第一三トナカイ遊牧ブリガードに、その後、三年間通い続けることになった（写真54）。

　永久凍土の地表だけが融けて、そこから蚊が大量発生する夏のツンドラは、お世辞にも快適とはいえなかった。とりわけここ内陸のブリガードでは気温が四〇度近くまで上がり、その暑さといったらない。冬は冬で耐えがたく寒いかと思えば、夏は高温と蚊の攻撃に苦しめられる。いったい、ここには快適な季節などあるのだろうかと思うのだが、コリャークの人たちはそんな苛酷なツンドラを一番住みやすいところだと誇らしげにいってはばからない。たしかに、見渡すかぎりの人の手の加わっていないツンドラは、人に原初的な感情を取り戻させてくれるのかもしれない。夏には、女たちは手に手にバケツを持って、ツンドラに散っていく。そう、キノコ狩りとベリー摘みである。エヴェンスクで調査をしていたときには、人にキノコ狩りに行こうと誘われても、適当な口実を見つけては断っていた私が、ここツンドラではキノコ狩りの面白さに目覚めた。

ツンドラではキノコはトナカイが食べるものだといって、コリャークたちは伝統的にキノコ狩りをしない。とりわけ、トナカイの群れで働く男たちはキノコについての知識がまるで欠如している。女たちはそれでも、キノコ狩りに興じ、採ってきたキノコは乾燥させて保存する（写真55）。調査の合間を縫って、キノコ狩りに夢中になった私は、コリャークの女性たちがあきれ返るほど、そこらのキノコを採りつくしてしまった。キノコが終わると、次は、ベリーの季節である。ブルーベリーとガンコウランやサーモンベリーがほぼ同時に実を付け、そのあと、今度は真っ赤なクランベリーが地面を覆う。エヴェンスクで調査をしていたときには、なにを好んで皆、腰をかがめてあんなに小さな実を摘んで歩くのだろうと、こちらも誘われるたびに口実をつくっては断っていたが、ここツンドラではすっかり病みつきになってしまった。ツンドラを一人歩き、誰にも踏まれていない地面近くにたわわに実を付けているベリーを両手でこそげとると、ボロボロと音を立ててバケツのなかに入っていく。それが心地よくて、我を忘れ、時間を忘れ、そしてときには仕事を忘れ、ツンドラを徘徊した。その純粋で無邪気な楽しさというのは、おそらく大人になってからはすっかり忘れてしまった感覚だった（写真56）。

写真 55　キノコ狩り

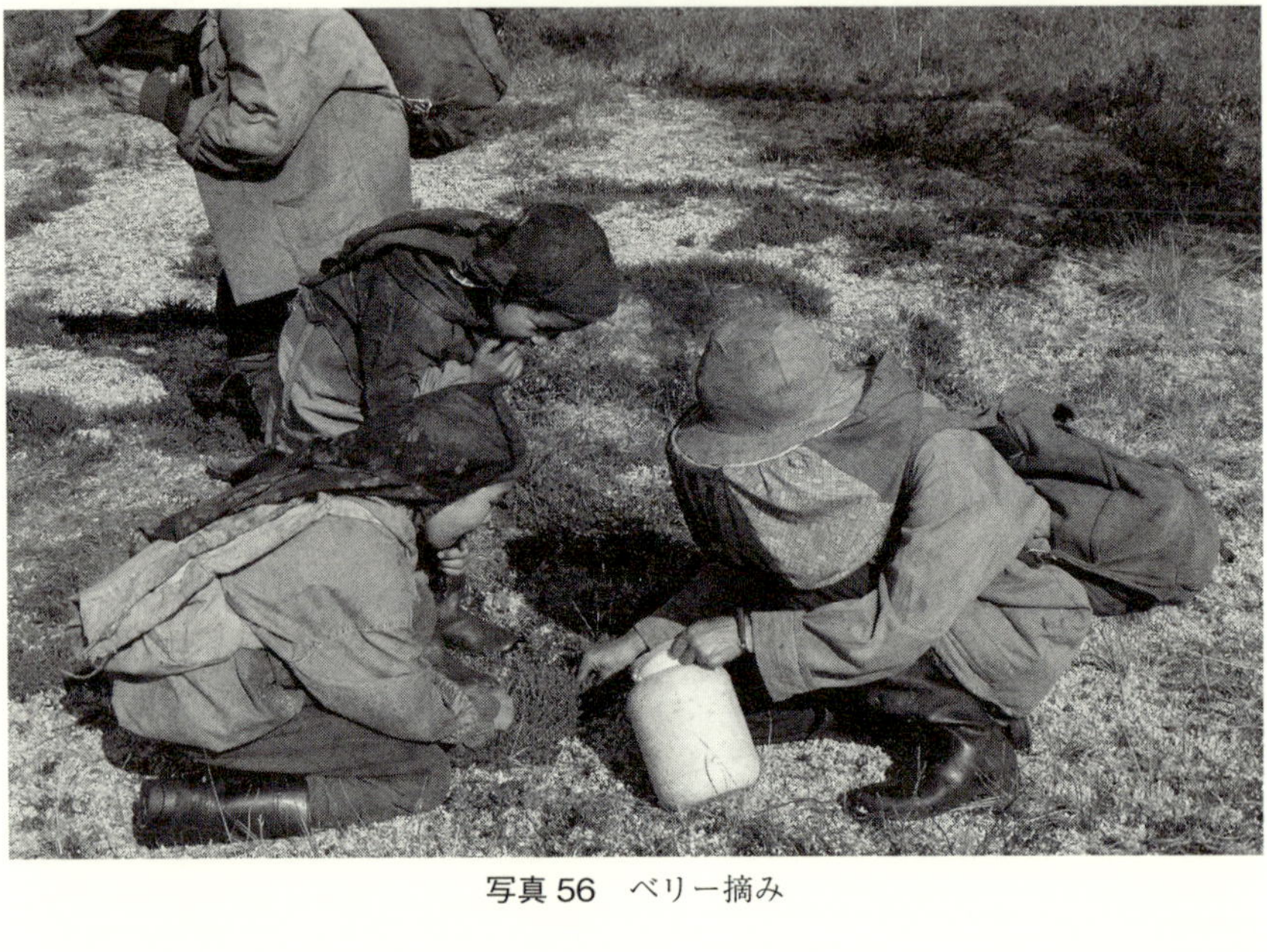

写真 56　ベリー摘み

言語民族誌を書きたい

もちろん、私はツンドラでキノコ狩りやベリー摘みにかまけていただけではない。第一三トナカイ遊牧ブリガードで私が主に取り組んだのは、二つのことだった。その一つはコリャークに関する言語民族誌を書くこと。もう一つは、コリャークの物質文化に関する資料をできるだけ収集することであった。文法記述といった言語学プロパーの仕事からは多少逸脱してしまっているのには、それなりのわけがある。すなわち、トナカイ遊牧が営まれているツンドラで牧民のコリャークたちを文法調査だけの目的で長時間引き留めておくことは大変難しかったからだ。男性たちは常に宿営地と放牧地の間を行ったり来たりしているし、仮に宿営地にいたとしても、トナカイの放牧以外にも橇の修理、去勢作業、魚釣りなどで忙しい（写真57・58）。一方、女性たちは主に宿営地を守っているが、これまた朝から水汲み、煮炊き、皮なめし、染色、裁縫などなど、息つく暇もなく働いている（写真59〜64）。そこで、私は彼らを引き留める代わりに、自分が彼らについて歩き、そこからえられるデータを生かしていこうと発想の転換をしたのである。

まず、言語民族誌について。クレスティキでのイカヴァヴさんとの調査から、私はしだいに、コリャークの生業を軸にイカヴァヴさんの情報を整理し、肉付けをし、分析を加えていけば、言語を通して見たコリャークの民族誌のようなものが書けるかもしれないと思うようになった。

そもそも、これまでコリャークに関する民族学的記述がなされた単著は少ないが、そのなかでも詳細かつ全体的な民族誌として傑出しているのは、ヨヘルソンの『コリャーク』（一九〇八）である。ヨヘルソンは今から約一〇〇年前、一九〇〇年から一九〇一年にかけての冬期、北米の人類学者ボアズ（F. Boas）の組織するジェサップ

写真 57　橇の修理

写真 58　トナカイ群での角切り作業

写真 59　干し肉つくり

写真 60　魚をさばく（子どもたちは目を吸って食べる）

写真 61　皮なめし

写真 62　染色

写真 63　ビーズ刺繍

写真 64　テントの修繕

北太平洋探検隊に参加して、コリャークに関する民族学的フィールドワークをおこなった。調査はオホーツク海に面するペンジナ湾、ギジガ湾に分布する海岸定住民コリャーク、タイガノス半島およびギジガの内陸部に分布するトナカイ遊牧民コリャークを対象におこなわれた。その成果である『コリャーク』は、コリャークの精神文化および物質文化両面にわたる広範な民族学的記述と、一三〇編に及ぶフォークロアの収集において、今でも他の追随を許さない優れた民族誌である。

しかし、そこでは言語学的な側面には十分に注意がはらわれていない。フォークロアは英語訳が付されているのみで、コリャーク語のオリジナルがあげられていない。物質文化に関する収集品にはコリャーク語の名称が網羅的にあげられていない。また、コリャーク語の音韻論的解釈も怪しい。

私が通っていたフィールドはヨヘルソンの踏査した地域とも重なっていた。しかし、私はヨヘルソンとは異なり、言語の分析を前面に出した民族誌を書きたいと思った。そう思うようになったのは、北海道大学でエスキモー語の世界的権威である宮岡伯人先生のもとで助手を務めていたとき繰り返しうかがった、宮岡先生の言語と文化の相関性に関するアイディアに大いに啓発されていたからにほかならない。

コリャーク・コレクション

そして、もう一つの目的である、コリャーク・コレクションの収集は、数年にわたるフィールドワークのなかで、コリャークの生活が激変し、伝統的な暮らしがもはや維持できなくなっていくのを目の当たりにしたことがきっかけになった。彼らの衣類にしろ、住居にしろ、このまま放置しておけばツンドラで朽ちてしまう。それならば、できるだけ網羅的かつ体系的に収集し、散逸しないように日本の博物館にコリャーク・コレクションとして保存していただけないだろうかと切望するようになったのである。幸運なことに、網走の北海道立北方民族博物館がこのコリャーク・コレクションの提案を快く引き受けてくださった。また、収集の際に書き込む調査票も作っていただいた。大きいものはコリャークの住居であるトナカイ毛皮製テントから小さいものは指抜きまで、おおよそ一〇〇点あまりのモノが集まった。モノの収集は、たとえば衣類ならば、まずは季節ごとに身に着ける衣類の種類、材料やつくり方、部位名称などの詳細な聞き取り調査と並行におこなった。調査には出てきたが現物がないという場合には、新たに作ってもらうこともあった。

ヨヘルソンは、毛皮を特に山岳地帯を遊牧するトナカイ遊牧民コリャークの着用する衣類は年間を通じて変わらず、夏は冬の毛の抜けた衣類を身に着けていると記述しているが、これが実は誤りであることを知るのもこれらの調査によってだった。コリャークが夏に身に着けるのは、冬の毛の抜けた衣類ではなく、トナカイ毛皮でつくったテントのカバーを剥がし、毛を剃ってスウェード状にしたものである。テント内部で焚き火を起こすため、テントカバーは燻煙されていて、防水性と通気性に優れている。蚊を寄せつけないという利点もあり、無数の蚊が飛び交うぬかるんだ夏のツンドラで着用するには最適な材料となる。コリャークはそのような利点をリサイクルによって最大限に有効利用しているのである。

さて、ここ第一三トナカイ遊牧ブリガードでは、二〇〇二年当時、約六五〇頭のトナカイが飼育されていた。辺境のツンドラに対しても政府からの支援が十分に行き届いていた社会主義時代には、約三〇〇〇頭あまりのトナカイが飼育されていたという。この短期間でのトナカイ頭数の激減は、ペレストロイカにより辺境のトナカイ遊牧地にまで行政の目が十分に行き渡らなくなってしまったことによると考えられている。ツンドラではトナカイがオオカミに食い荒らされる被害が多いが、かつてはエヴェンスク地区政府がヘリコプターを飛ばして、空中射撃でオオカミを駆逐してくれた。トナカイが病気になると、すぐにヘリコプターで薬が届けられた。しかし、今はそのようなサービスもここツンドラの奥地ではほとんど受けることができない。加えて、かつてはトナカイ牧夫にも政府から与えられる給料があり、長い有給休暇があった。ロシア人と同じようにスーツに身を包み、アタッシュケースを抱えてモスクワの赤の広場に立つ牧夫たちの「晴れ姿」を写した、今ではセピア色になってしまった写真が、彼らにもかつて国のお金を享受した「幸福な」時代があったことを物語っている。

しかし、今、賃金労働者として認められているのはブリガードの一部の牧夫だけである。モスクワでの休暇など夢のまた夢になってしまった。このような状況で牧夫たちの労働意欲が減退してしまったとしても、いたしかたないだろう。その多くが酒に走り、トナカイを酒のために安価で叩き売った。こうして、トナカイ頭数の激減という厳しい現実に直面せざるをえなくなった。エヴェンスク地区に残された数少ないトナカイ遊牧ブリガードである第一三トナカイ遊牧ブリガードですら、このような命運から逃れることはできなかったのである。

「できごと史」を反映したトナカイの個体名

さて、トナカイは、年齢・性別、毛色・毛並み、耳印などによってきめ細かく識別されているが、数百頭ものそれぞれが個別に個体名を持っているわけではない。個体名が付けられるのは、唯一、橇を牽引するのに利用されるトナカイに対してだけである。橇牽引用として利用されるのは、主に去勢オス（ときに去勢予備軍の種オス）であるが、群れのなかから調教の対象として選択され捕獲される。すなわち、群れのなかでも、人とのかかわりが濃厚な、特別な存在なのである。したがって、個体識別のための個体名が必要となってくる。この個体名からは、コリヤークのトナカイとの興味深いかかわり方の一端をうかがい知ることができる。

表11に示したのは、第一三トナカイ遊牧ブリガードの私のお気に入りのコンサルタントであるケッチャイさん

表 11　ケッチャイさんが管理する橇牽引用トナカイの個体名リスト

意味特徴	№	個体名	意味	由来	年齢・性別
身体特徴・習性	1	ʕeŋətqeŋu	鼻面の白い	同左	6 歳去勢
	2	ʕenval'kal'ʕe	鼻下が白い	同左	5 歳去勢
	3	Vicuɣiŋu	下向き切り込み耳印	同左	6 歳去勢
	4	Pəkjucɣən	なまけもの	同左	6 歳去勢
	5	Pəkjucɣəʔawwaw	左なまけもの	同左（橇の左側を引く）	6 歳去勢
	6	Jaŋjolɣən	掘った跡	調教で尻を鞭打ってできた掘ったような傷跡	3 歳種
	7	ʕel'ŋo	橇用ロープを食べるもの	同左	3 歳去勢
	8	Poklacaɣiŋən	おなら	おならをするもの	10 歳去勢
	9	ʕinnəʕin	首	枝角で首をこする	4 歳去勢
比喩	10	Kəmlilivijicʕən	ネジ	調教用の木の周りをぐるぐる回っていた	2 歳種
	11	ʕapəkvən	橇の敷物	橇の敷物のようにみすぼらしい	4 歳去勢
	12	Pamjalŋən	ブーツの下にはく毛皮靴下	毛皮靴下のように太っている	4 歳種
	13	ʕaʕal	斧	斧のような体型	5 歳去勢
	14	Wekətɣən	カササギ	カササギのように脇腹が白い	5 歳去勢
	15	En'ənnəki	コクチマス	コクチマスのように敏速	5 歳去勢
	16	Qaj*suslik*	小ハタリス	Suslik の弟	6 歳去勢
	17	*Suslik*	ハタリス	ハタリスのような目	8 歳去勢
人名	18	*Stjopik*	ステパン	エヴェン族のステパンが調教	5 歳去勢
	19	*Kiril*	キリル	エヴェン族から贈られたときすでにキリルと呼ばれていた	9 歳去勢

表11　続き

意味特徴	№	個体名	意味	由来	年齢・性別
事物	20	Jalqəlinaŋ	ユルトの枠木運搬用橇	いつもこの橇を引いていた	4歳種
	21	ʕiŋilŋən	トナカイの鼻につける皮紐	ほかに材料がなかったので，トナカイ毛皮を切っておいた	5歳去勢
	22	Kəcɣonpən	トナカイが通れないように道に敷く敷物	道の傍らで調教のために木に繋がれていたとき，通りかかった橇を敷物を避けるように恐れた	5歳種
	23	Pəʕon	ボタン	服のボタンが付いた部分を長く切ってロープ代わりにした	5歳去勢
	24	Apakəl'ʕeja	ハイハイの	家畜囲場から這って出てきた	6歳去勢
地形	25	ʕinnəlqən	峠	峠を越え荷物を運搬していた	4歳去勢
	26	ŋajnolŋən	山の斜面	山の斜面でロープに絡まった	4歳去勢
	27	ʕeŋətkən	山頂	メスに山頂で交尾した	5歳去勢
	28	Pənn'alkən	平らな山頂	平らな山頂で母と休んでいた	5歳去勢
	29	Cəventatɣiŋən	分れ道	分れ道で犬と追いかけあった	5歳去勢
	30	Qəcvomkən	ハイマツ林	ハイマツ林に迷い込んだ	9歳去勢

写真65　ケッチャイさんと橇牽引用トナカイたち

（写真65・71）が世話していた三〇頭ほどの橇牽引用トナカイの個体名やその由来などである。ケッチャイさんはブリガード長を務めていたが、退職して年金暮らしである。上述したようにほかの牧民が大酒を飲むのに、ケッチャイさんは酒を一切飲まず、毎日、薄暗いテントのなかで聖書を読む熱心なクリスチャンだった。なにか超然としたところがあり、いつも自分のペースで黙々とかつ嬉々として日々の労働に取り組んでいた。私が訪ねると、ナイフのつくり方、皮ひもの作り方、橇の修理のしかたなどを楽しそうに教えてくれた。

さて、これら三〇頭の内訳は、ケッチャイさん私有の三歳種オス一頭、奥さんのヴェラさん私有の九歳の去勢オス一頭、さらにどこから紛れ込んだか不明な二歳種オス一頭、そして残りの二七頭はすべて公トナカイ（すべてオス）である。公私にかかわらず橇牽引用トナカイにはすべて個体名が付けられる（写真65）。

これらの個体名の意味的特徴を見てみると、体の毛色・特徴にもとづく個体名は二例のみである。また、身体的特徴をほかの動物やものになぞらえた比喩的な個体名は八例、個体の性質にもとづくものは六例である。むしろ、特筆すべきなのは、事物や地形になぞらえた、個体の「できごと史」とでもいうものによる命名が多いことである。20から24は事物の名前であり、25から30は地形の名前である。これらは、その個体について管理者が目撃したり参与したりしたできごとやそれが発生した場所を個体名として刻み付けたものである。

これらの個体名は、トナカイに直接付随する毛色などの身体的特徴や性質による名称、あるいは比喩的名称とは命名の原理が異なる。身体的特徴や性質は外からの観察が可能である。それゆえに名称と意味との有契性は高いといえる。また、比喩的名称も当該民族にとっては、それが持つ派生的な意味を導き出すことはそれほどむずかしくはない。一方、できごとによる命名の場合、名称とトナカイとできごとを結び付けることのできるのは管理者だけである。彼が目撃者あるいは参与者としてトナカイにかかわったストーリー、そしてそれによって得たトナカイの生態などの情報をその背後に秘めているからである。地形名がそのストーリーの記憶誘発装置として働くというのも、相手が自然を棲家とするトナカイであってみれば、なるほど納得がいく。すなわち、できごと史による名付けは、トナカイ飼育には不可欠な情報の引き出しのラベルのようなものだと考えられる。

一方、若者たちは、このような名付けの原理をもはや知らない。代わりに彼らが付けるのは「ボーイング」「スニケルス(スニッカー)」「カバン(イノシシ)」「ムィショーノク(子ネズミ)」などなど、あたかもペットにでも付けるようなロシア語の名前である。エヴェンスク村で中学・高校と寮生活を送りロシア語漬けになって戻ってきた若者たちは、コリャーク語による命名の原理を知らないまま放牧生活に入る。そこでは、トナカイはもはや種を増やすためのものではなくなり、一種の愛玩動物化していることが、これらの命名からはうかがえる。

第二節　チュクチ語

思いがけないツンドラ行

一九九四年七月末、ヤヌラナイ村での聞き取り調査を終え、リトクーチ村に移動しようとして、適当な「足」が見つかるのを待っていたときのことだ。待ち始めて七日目にしてようやく、空港から電話がかかってきた。今からヘリコプターが飛ぶから大急ぎで来るようにとのこと。私(徳司)はてっきりリトクーチ行きだと思い込み、行き先もたしかめずに、すでにプロペラを勢いよく旋回させているそのヘリコプターに慌てて飛び乗った。第一章第二節で述べたとおり、ヘリコプターはツンドラで火事が起きたとき、病人が出たとき、緊急物資を運ぶとき以外には飛ばない。だから、もちろん、この千載一遇のチャンスを逃す法はなかった。ヘリコプターのなかにはたくさんの荷物が積み込まれていたので、どうやら緊急物資を運ぶためだったらしい。

リトクーチまでは半時間ほどの短い飛行である。ヘリコプターは、眼下にチャウンスキー湾の静かな水面と陸地を低空から見下ろしながら、ゆっくりとペヴェクの上空を通り過ぎた。しばらくすると、リトクーチ村も近くに見えてきた。

ところが、どうしたことか、ヘリコプターは一向に高度を下げる気配がない。そうこうしているうちに、あれよあれよという間にリトクーチの上空を通過して、どんどん内陸に入って行くではないか。私は、ようやく自分がとんだ思い違いをしているらしいことに気づいた。「このヘリはリトクーチに行くんじゃなかったのか？」とロシア人のパイロットに尋ねてみた。すると、「行かない！」とすげない答え。これは、いったいどこまで行くつもりなのだろう？　ツンドラの真ん中で降ろされて、ビザが切れてしまったらどうしよう?と不安は募るばかりだった。

リトクーチの上空を過ぎて二〇分ほどたっただろうか、ヘリコプターは突然、高度を下げ、爆音を上げながら着陸した。パイロットに、「おい、お前はチュクチに会いたかったのじゃないのか。ここで降りろ」といわれ、荷物とともに見ず知らずのツンドラのど真ん中に放り出された。ヘリコプターはすぐに再び噴煙と爆音をあげて飛び立っていってしまった。

リトクーチ村の周辺には当時八つのトナカイ遊牧ブリガードがあったが、私が降ろされたのはそのうちの第二トナカイ遊牧ブリガードだった。向うに四つのトナカイ毛皮製テントが立っていた。ヘリコプターから放り出されてなすすべもなく突っ立っていると、そのうちの一つのテントから誰かがこちらに向かって近づいてきて、「トゥグース！」と私の名を呼んだ。びっくりして見ると、なんと、声の主は、リトクーチ村でお世話になっている私のコンサルタントの一人で、学校の先生をしているイエベルだった。彼女は、お姉さんのリューダを訪ねてこのブリガードにやって来ていたのだった。

ツンドラのヘリコプターは好き勝手にあちこちに立ち寄ってはいけないのだが、どうやら、パイロットは私のために特別、このブリガードに着陸してくれたようだ。ロシア人は一見、愛想がなく取り付く島のない人が多いが、そんな人でもときにその無愛想な表情の内側に隠れている温かさや優しさが顔を出すことがある。それがましてや見ず知らずのツンドラでとあっては、よけい心に沁みてくるものだ。

こうして私は、思いもかけず、次のヘリコプターが飛んでくるまでの一か月間、このツンドラのトナカイ遊牧キャンプのリューダさんのテントに滞在するはめになった。リトクーチ村でやる予定にしていた文法調査がこのことでどんな方向に展開していくか、そのときには思いもよらなかったが、この偶然のできごとのおかげで、はからずも私はツンドラの人々の暮らしぶり、ひいてはそれをとおしたチュクチ語の世界を垣間見ることができることになる（写真66〜68）。

既存の調査票が役に立たない！

私はこの第二トナカイ遊牧ブリガードのリューダさん（写真69・70）にコンサルタントになっていただくことに決め、まずは用意してきたロシア語で書かれた例文集を使って、リューダさんにチュクチ語の例文を作文してもらうことにした。しかし、この調査の結果は惨憺たるものだった。このトナカイ遊牧地から離れたことのないリューダさんは、ロシア語があまり得意ではなかった。加えて、例文集のどのロシア語の例文も彼女にとってみれば人工的に感じられ、自然なチュクチ語には訳しづらかったようである。結局、どの例文をいっても首をひねるばかりで、一文もまともにチュクチ語に訳すことができずに終わってしまった。

このような対面式の調査はあきらめるしかなかった。代わりに、私は文字通り四六時中、彼女のそばを離れずついて歩き、彼女の話す自然なチュクチ語に耳を傾けることにした。朝、テントのなかの毛皮の帳から起きだすや、彼女の一挙手一投足に興味を示し、質問をし始めた。朝、帳から出てこようとする私を制して、「トゥグー

写真 66　第 8 トナカイ遊牧ブリガードにて

写真 67　第 3 トナカイ遊牧ブリガードにて

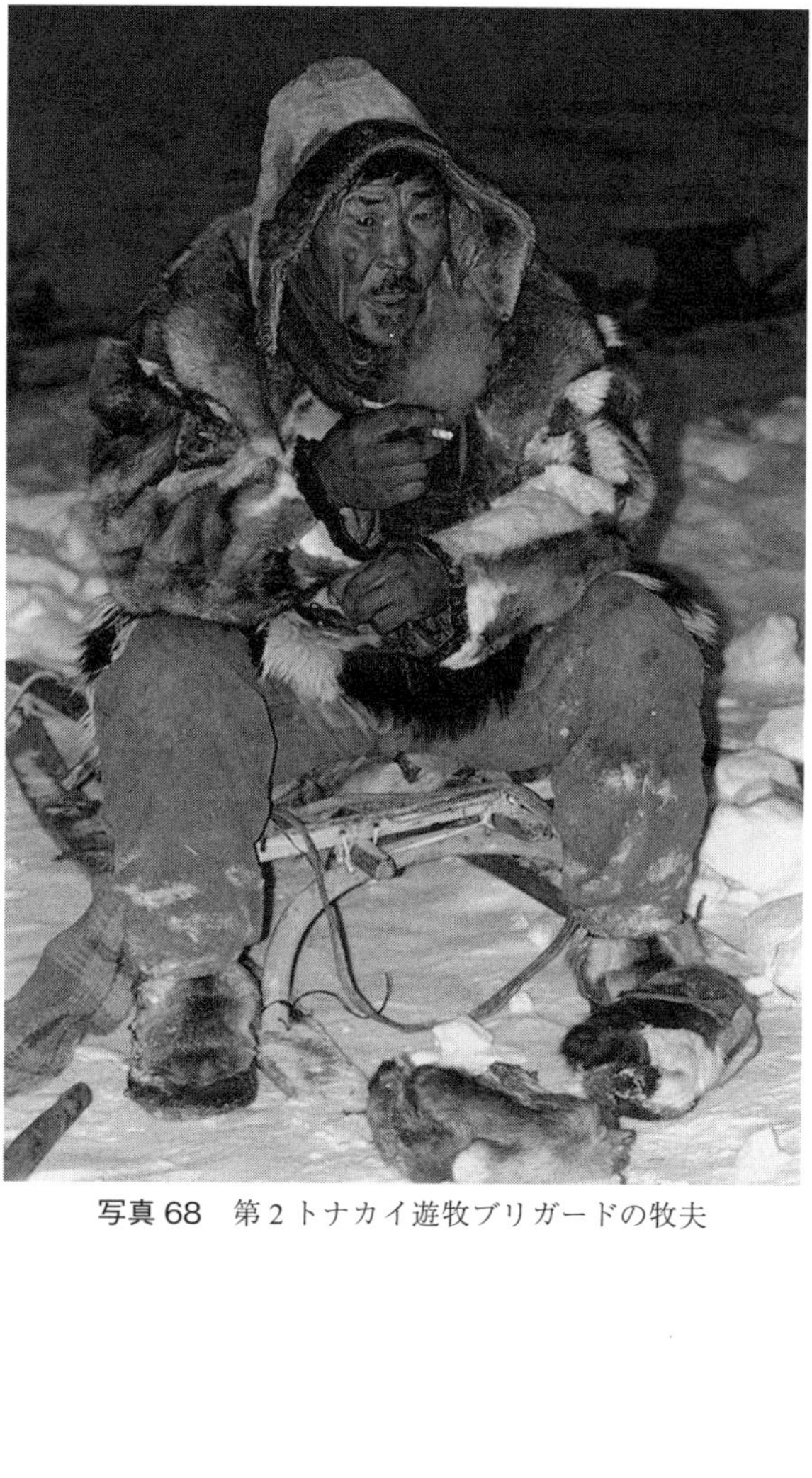

写真68　第2トナカイ遊牧ブリガードの牧夫

ス、もう少しゆっくり寝ていなさい」とリューダさんがよく優しいことばをかけてくれたのは、今思えば、実は遠回しの牽制だったのかもしれない。

しかし、彼女の話すチュクチ語は私を惹き付けずにはいられない、宝の山だった。焚き火を焚きつけているとき、煮炊きをしているとき、干し肉をつくっているとき、皮をなめしているとき、縫物をしているとき、彼女の口からはまさに生きたチュクチ語が湧き上がってきた。そんなチュクチ語は、その後、貴重な例文として私の論文に登場してくれることになる。どれも日常生活のなかでリューダさんの口から自然に出てきたものである。たとえば、世界的な言語類型論学者のコムリーは『ソ連の諸言語』(Comrie 1981a)という本のなかで、チュクチ語において抱合は衰退傾向にあり、分析的表現がそれにとって代わりつつあると指摘しているが、それに反して、リューダさんの話す日常のチュクチ語のなかでは、抱合はまだまだ健在だった。

写真 69 トナカイ遊牧地のコンサルタント，リューダさん

写真 70　リューダさんと私

仔トナカイの屠殺

私が居候していたのは、第二トナカイ遊牧ブリガードの宿営地だった。普段、トナカイの群れは二人の牧民と宿営地から離れた放牧地におり、屠殺や去勢などの作業をおこなうときに、宿営地に戻ってくる。あるとき、テントを出ると、トナカイの群れがテントのすぐ近くまで来て草を食んでいた。毛皮を衣類用にするために仔トナカイを殺すのだという。これを聞いて私は、生まれたての仔を殺すなんて、チュクチはなんと残酷なことをするのだろうと驚いた。なぜなら、モンゴルでは、たまに病気かなにかで死んでしまった仔ヒツジの毛皮を剥いで子どもの帽子をつくることはあっても、生きた仔ヒツジをわざわざ殺すことは決してしないからだ。

しかし、考えてみれば、冬の最低気温がせいぜい低くてもマイナス三〇度くらいにしかならない内モンゴルと、七月でも雪が降ることがあり、冬にはマイナス五〇度を超えることも決して珍しくないここチュコトカとでは、毛皮の重要性がそもそも違う。毛皮は剥ぐ季節により、毛足の長さも状態も異なる。チュクチはそのようなさまざまな材質を季節に応じ用途に応じて巧みに使い分けることで、毛皮の需要の高さに応えてきた。仔トナカイの毛皮は最もやわらかいため、体に直接身に着ける下着用に利用される。チュクチのおかれている自然環境やそれに対する適応対処のありようを無視して、チュクチを残酷だと決めつけても意味がない。

そして、そのようにトナカイの肉や毛皮への依存度がきわめて高いからこそ、殺しをカモフラージュするための儀礼的側面が発達しているということも重要である。すなわち、チュクチの牧民は仔トナカイを殺す際に、その心臓を抜き取り、口で噛むという行為をおこなう。これは、仔トナカイを失くした母トナカイを落ち着かせるためだといわれている。さらに、トナカイの屠殺の際には、心臓から吹き出ている血を手で掬い取って太陽の上る方角に撒く儀礼、絶命したトナカイの口と心臓に水を注ぐ儀礼がおこなわれる。このような念の入ったしきたりの背景には、トナカイという動物資源の衣食住にわたるきわめて高い利用度があると考えられる。

牧畜民の出身である私にとっては、家畜をどのように殺し、利用するのかは、非常に切実な関心事でもある。私は、ツンドラのこのトナカイ放牧地にいても、いつもモンゴルでどのように家畜を殺していたかを思い出しながら、観察を怠らなかった。

トナカイ遊牧の一年と七つの季節

チュクチのトナカイ遊牧は、ツンドラに生えている草やコケなどの植生状況に左右される。牧夫たちは植生状況を注意深く観察しながら、トナカイの群れを移動させる。一つの放牧地の草を残らず食べつくして、次の放牧地に移動することは決してないといわれている。翌年の植生を保証するためである。

一方、牧夫の家族たちはしばらく宿営地にとどまったのち、このトナカイの移動を追いかけるようにして後から移動していく。私が生まれ育った内モンゴルの草原に比べれば、移動ははるかに頻繁におこなわれる。また、内モンゴルのような家畜置場が一切なく、ツンドラに野放し状態になっているため、オオカミに襲われる危険性も高く、牧夫たちは交代で二四時間昼夜の別なくトナカイの群れの見張りに当たる。

チュクチの住む地域は、アジア大陸北東端、すなわち極北シベリアに位置しているため、一年のうち雪に覆われた季節が延々と続く。太陽が昇らない暗い「日々」と、想像を絶する酷寒のせいで、冬として数えられる季節が非常に長い。一方、ツンドラから雪が消え、極地の「白夜」が訪れて、ようやく夏の気分を楽しもうとする間もなく、蚊の襲来に遭う。このような自然環境に暮らすチュクチは、雪の有無、太陽の出没、蚊の発生などの自然現象と自分たちの伝統生活のリズムにもとづいて、季節の移り変わりを細かく分類している。すなわち、彼らは一年を大きく春四月上旬から始めてグロン(γəron)、クトクト(kətkət)、エレン(elen)、ゲルゲル(ŋerγer)、ルエレン(ʔeleŋ)という五つの季節に分ける。また、長い冬を反映して、ルエレンという冬に当たる季節をさらにグトガン(γətγan)、クールエト(quulʔet)、ニウレウ(niwlew)という三つに下位分類している。

四月の上旬から五月の中旬までをチュクチ語ではグロンという。この季節は、トナカイがいっせいに出産を迎えるため、牧民にとって一年のうちで最も忙しい季節である。このグロンは、ロシア語では vesna「春」と訳されるが、厳しい寒さはかなり弱まったとはいえ、広大なツンドラ一帯はまだ雪の世界のままで、我々が想像するぽかぽかと暖かい「春」とはかけはなれている。一度この季節に現地を訪れた私は、「春」とはいえ、マイナス二〇度の寒さにびっくりしたものだった。そのときに出会ったチュクチの老人に「こりゃあ、まだ真冬じゃないか」というと、「お前は何をいっているんだ、もうすぐ仔トナカイが生れるだろう。だから、「春」なんだよ」といわれたものだ。

このころになると、昼間の時間がだいぶ長くなり、まぶしい日差しで雪が少し解けることもある。しかし、日が暮れて気温が下がってくると、いったん解けた雪は再び固く凍りつく。いわゆる三寒四温だが、もちろん、「寒」と「温」の程度がけた違いである。それでも、牧民たちはしばしばこの少し気候が「緩んだ」時期を利用してトナカイ橇で移動する。この時期にはまた、天候が突然崩れて吹雪き、生まれたばかりの仔トナカイたちの生命が危険にさらされる可能性もあるので、牧夫たちは天気の変化に目を光らせている。

トナカイの出産が終わり、やがて五月の中旬も過ぎると、ようやく雪が解け、その下からツンドラ本来の姿が顔を出す。気温はそれほど高くないが、比較的穏やかな日もある。チュクチはこの時期をクトクトと名付け、一年のうち最も過ごしやすい季節であると考えている。ヒグマが冬眠から目覚め、ツンドラを歩き回るのは少々危険だが、草が芽吹き、気温はそれほど高くないにしても、比較的穏やかな天気の日もある。チュクチの人々がこの季節をロシア語で「初夏」と説明するのもうなずける。女性や年寄り、小さい子どもたちは遊牧しているトナカイの群れから離れて、ヤラング jaraŋə と名付ける夏用のテントで暮らすようになる。一方、屈強の男たちはトナカイの群れの放牧に出かけ、家族と離れ離れの生活を送る。この季節はトナカイや飼い主が疲れ果てた体を休ませ、ほっと一息ついて、次の厳しい季節を迎える心の準備をするときでもある。

その次にやって来るのが、エレンという夏の季節である。この季節の到来とともに、悪名高き蚊の襲撃が始まる。気温が少し上がると、ツンドラにはキノコが大量に生えてくる。トナカイたちはキノコを求めて、またときには蚊を恐れて、とどまることを知らずに走り回る。この季節はまた、太陽が沈まないため、延々と昼が続く。オオカミから群れを守るために、牧夫たちは群れの後を追って必死で走り回る。一方、宿営地に残った牧夫の家族たちは、さっそく、次に訪れる厳しい冬の準備作業を開始する。すなわち、女性たちは、この短い夏の間に、厳しい冬を耐えたヤランガの修繕に取りかかる。どんなに小さな穴でも見逃さずに縫い合わせて、次の冬の季節に備える。

夏の仕事はこれだけではない。女性たちはトナカイの毛皮を鞣(なめ)して、家族の衣類を縫う。老人たちは冬の移動に欠かせないトナカイ橇の修理に汗を流す。エレンは六月中旬から八月中旬まで続き、蚊が消えてなくなるとともに終わる。

八月の中旬も過ぎると、日照時間がどんどん短くなっていく。北極海からは冷たい風が吹き、雨が雪に変わることもしばしばである。チュクチ語ではこの季節をゲルゲルという。ロシア語ではosen'「秋」と訳される季節である。草が黄色に変わり、渡り鳥が群れをなして、南に向かって旅立つ。それを眺めていると、何となく寂しい感じがするが、一方、極地にしか見られないオーロラが空を美しく飾る季節が近づいてくると、チュクチたちは気持ちを切り替える。ツンドラの遊牧民は仔トナカイを殺す儀礼を済ませ、女性たちは寒い冬に備えて、さらに大急ぎで毛皮の服づくりに励む。

そしていよいよルエレンという本当の「冬」がやってくる。一〇月になると、ツンドラには雪が降り積もり、川が凍って、グトガンという季節に一気に突入する。この季節になると、雪が解けてから離れ離れだった家族が再び合流し、トナカイ橇に乗って、移動を開始する。太陽が顔を見せるのはほんの数時間になり、暗黒の時間がさらに長くなる。そして一二月の初めごろになると、太陽は完全に姿を消してツンドラは暗闇の世界となる。この状態は一月に入っても続く。この時期をチュクチ語ではクールエトと呼ぶ。飢えたオオカミにトナカイの群れが襲われる最も緊迫したときでもある。牧夫たちはそれを防ぐため、二四時間、群れのそばから離れない。

二月に入ると、しばらくの間、休んでいた太陽が再び顔を見せ、それにともなって昼が誕生する。日照時間が伸びていくことに着目して、チュクチ語ではこの時期を「長くなる」を意味する動詞に由来するニウレウと名付けている。この時期は一年のうち最も寒いときでもあり、気温は、マイナス四〇度を超える。この厳しい寒さは三月の末まで続く。それでも遊牧民たちはトナカイが疲弊し、食料が不足する五、六月に備えて、トナカイを殺して干し肉をつくったり、新しい土地を求めて転々と移動したりして、黙々と伝統的な生業を営んでいく。

このように、チュクチ語では、自分たちの生活を取り巻く極地特有の気候の流れにそって、一年は「四季」ではなく、「七季」となったのである。

トナカイ屠殺とタブー

家畜の屠殺には、モンゴルでもチュクチでもタブーがつきもののようである。言い換えれば、動物の生命を剥奪する屠殺・解体には、モンゴルの家畜資源観がタブーという形で最も象徴的に表れているともいえる。

私の生まれ故郷であるモンゴルでは、肉を屋外で冷凍保存できるようになる一一月下旬に、一般的な家庭で平均ウシ一頭、ヒツジ六〜七頭を殺し、翌春に食べ尽くすまでは屠殺をおこなわない。上述の通り、一一月に屠殺をおこなうことを、イデシ・イデフ(ideš idex)「食料を食べる」という。また、一方、初夏にかけては肉を長期保存できないため、必要に応じて屠殺し、乾燥保存する。これをシュル・オーフ(šöl uux)「スープを飲む」という。この二つの表現には、冬は主食として肉を摂取する一方で、夏には乳製品が豊富になるため、副食として主に滋養分を摂取するのだという意味合いが込められている。イデシ・イデフもシュル・オーフも殺すことを直接的に表現することを回避したタブー語である。

ところで、牧畜民は、よく自分たちは家畜のどんな部位も余すことなく利用するのだと主張する。しかし、実際に屠殺・解体に立ち会い注意深く観察すると、そうではないことがわかる。たとえば、モンゴルではヒツジのいくつかの身体部位に摂食タブーが課せられている。目のくぼみ部分、脂肪についている水疱、反芻胃の口の部分、リンパ節、こめかみ、小腸についた脂肪などである。面白いことに、これらはすべて、オハルハイ（uxarxaj）、オイランハイ（uilangxaj）、ホジルハイ（xujǐrxaj）、ボルチルハイ（bulčirxaj）、チャマルハイ（čamalxaj）、チャチャルハイ（čačarxaj）のように-ハイ（-xaj）という語尾を共通に持っており、「ヒツジの六つのハイ」という口承の素朴な詩としても詠まれている。その詩とは、「目にあるオハルハイ／脂肪にあるオイランハイ／胃にあるホジルハイ／肉にあるボルチルハイ／首にあるチャマルハイ／小腸にあるチャチャルハイ」である。また、これらを食べてはいけない理由は、食べると、「馬がつまづく」「鞍をなくす」「鼻たらしになる」「泣き虫になる」などのように類感呪術的に説明される。

　実は、これらの部位は、日本語訳を見ればわかるように、食物としての重要性はそれほどないか、あるいはそもそも食べられない。それにもかかわらず摂食タブーを設ける背景には、殺しにともなう罪悪感を巧妙に回避し、ヒツジの食物資源としての最大限の利用を可能にする巧妙なストラテジーがあると、惠は指摘する。一部の部位の摂食を禁じているということは、裏返せば、そのほかの部位の摂食は保証されているということでもあるという。

　また、これら食物として重要ではない部位に完全なタブーが課される一方で、胸肉、肋骨、肩甲骨など食物として重要な部位に課せられる条件付きタブーが課されている。たとえば、「娘か姉妹の子どもの近くで胸肉や肋骨を食べてはいけない」「一人で胸肉を食べてはいけない」「五〇歳以下の女性は肩甲骨を食べてはいけない」などである。これらからうかがえるのは、一部の人の摂食は制限しているが、裏返せば、それ以外の人の摂食は保証しているということである。

　すなわち、このように「完全なタブー」に加え、「部分的なタブー」という二重のタブーを設定せざるをえないほどに、実は家畜「殺し」にともなう罪悪感は大きいといえる。

ところで、興味深いことに、トナカイ遊牧民チュクチにも驚くほどモンゴルに類似した「完全なタブー」と「部分的なタブー」の二重構造が見られることが調査でわかってきた。部分的なタブーはさらに、「一人で食べてはいけない部位」と「一部の人が食べてはいけない部位」に分類される。

まず、完全なタブーが課されている、食べてはいけない部位は、モンゴル同様、腺や舌先などの苦くて食用には適さない部位である。一方、一人で食べてはいけないのは舌、目の周りの肉、第一肋骨の肉、仙骨の肉などである。また、一部の人が食べてはいけない部位には、仔トナカイの前肢部がある。これは、上述の仔トナカイの屠殺の際、儀礼をおこなった後で、焚き火で焼いて大人だけが食することを許されているからである。子どもには、食べると結婚できないといって食べさせない。このようなタブーは、結局は仔トナカイの殺しにかかわった大人に、柔らかな肉を享受する権利を付与するためのものだといってもいい。

ちなみに、コリャークでも、女性は特に脂肪の乗った尻尾、足の骨髄、舌などは食べてはいけない、妊娠した女性は脳みそや蜂の巣胃を食べてはいけないなど、同じくタブーが課せられているそうである。

モンゴルとコリャーク、チュクチは地理的には遠いが、その間に位置する牧畜民あるいは狩猟民の動物の殺しに対するタブーを調べることにより、動物資源観の連続相がたちあらわれてくるかもしれない。

第四章　未知の領域への探検——理論研究とフィールド言語学

通底する個別言語研究と言語類型論

第一章から第三章まで、コリャーク語とチュクチ語という北東シベリアの二つの小さな言語に、私たちがこれまでどのように取り組んできたのかについて述べてきた。読者のみなさんは、私たちのこれまでかれこれ二〇年に及ぶフィールドワークの跡をご覧になって、なんとまあ、大変なフィールドに行って、変わった言語の調査をしている変わった人たちだこと！と呆れられたかもしれない。そして、ますますこの二つの言語が自分たちとは縁遠いものに感じられるようになったかもしれない。たしかに、両言語はいずれも、地理的に遠いだけでなく、私たちが日ごろ馴染んでいる言語の特徴からも遠いところが多々ある。言語学者である私たちは、たしかにそのような遠さや特殊性に心惹かれてフィールドに通い続けてきた。

しかし、あらためて振り返ってみると、そのような特殊性を掘り下げていくうちに、いつのまにか言語の多様性と普遍性に通言語的な角度から切り込む言語類型論の道にも分け入ってきたことに気づかせられる。個別言語を研究しながら、個別言語を越えた領域に分け入っていくというのは、一見、矛盾した言い方のように思われるかもしれない。しかし、決してそうではない。なぜならば、個別言語の記述は、実は他言語の研究を参照せずしては成り立たないからだ。ある言語現象が本当に特殊かそうではないかは、ほかの言語にそのような現象があるかどうかを調べてみなければわからない。たとえば、日本語を特殊で難解でユニークな言語に仕立てあげたがる「日本語特殊論」などは、日本語を世界のほかの言語と比べてみればたちまち論破されてしまう。個別言語に沈潜しすぎるあまり、周りが見えなくなる研究は危険である。「井」のなかにあっても「大海」に思いを馳せることの大切さは、言語学においてもしかりである。

したがって、個別言語を記述する際には、音声を正確に記述する技術、それらの音声的実態を音韻的に抽象化する技術、あるいは文法的特徴をあぶり出すために知っておかなければならない諸々の項目に加えて、言語類型論的視点が不可欠となる。世界中のできるだけ多くの言語データを相互に比較し、その多様性と普遍性の諸相を明らかにするというスケールの大きな学問分野である言語類型論は、形態論的特徴をその言語のタイプとするようなホリスティックな類型論を出発点にしたが、今や音韻、形態、統語のさまざまな現象を対象とした部分的な類型論へと幅広く展開しており、フィールドで遭遇した不思議な現象を持て余しているときにも、しばしばありがたいヒントを与えてくれる。

『言語構造の世界地図』

最近の言語類型論で私たちがアクセスしやすい成果の一つは、なんといっても、インターネット上で公開されている『言語構造の世界地図』(The World Atlas of Language Structures[WALS] http://wals.info/)であろう。これはドイツのマックス・プランク進化人類学研究所から言語類型論学者ドライヤー(Matthew S. Dryer)とハスペルマート(Martin Haspelmath)が中心となって出されたものである。音韻から統語まで二〇〇近い項目について、その項目に関する研究では第一人者の五五人の言語学者が世界言語地図を作製し、その地図に示された特徴について説明を加えている。

たとえば、項目一は「子音目録」である。子音目録とはある言語が持っている子音音素のリストのことである。子音が多ければ、子音目録は大きいということになり、少なければ小さいということになる。この項目では、「小さい」「やや小さい」「平均」「やや大きい」「大きい」と五段階に評価が色別に示されており、地図を開けば分布のありようが一目瞭然にわかる仕組みになっている。ちなみにチュクチ語（コリャーク語はなし）は子音目録がやや小さい言語とされている。日本語も同じくやや小さい言語、アイヌ語は平均的な言語とされている。つまり、チュクチ語は日本語と同じくらい子音の数のある言語ということになる。いずれの言語も子音目録に関しては少な目ではあるが、ほぼ平均的な言語であることがわかるという具合である。

もう一例、項目八一Aは近代言語類型論の先駆的な研究として常に引き合いに出される主語（S）、目的語（O）、他動詞（V）の基本語順についての項目である。その内訳は表12に示すとおりである。

表12　世界の言語の基本語順のタイプ

タイプ	言語数
SOV	565
SVO	488
VSO	95
VOS	25
OVS	11
OSV	4
無優勢	189

日本語は最も多いタイプであるSOV型、一方、チュクチ語は無優勢語順型に分類されている。無優勢語順型とは、言い換えれば、これといって優勢な語順がなく、語順に対する自由度が高いことを示す。ちなみに、チュクチ語でもコリャーク語でも語順はかなり自由で、主語と目的語が入れ替わったり、動詞と名詞が入れ替わったりはごく普通の現象である。またコラム26のコリャーク語の例文に示すように、名詞修飾句をなす修飾語と被修飾語が、動詞をまたいで現れたりすることもある。この文では、「草の」と「三つ編み」の間に「私がそれを編んだ」という動詞が挿入されていることに注意されたい。もちろん、より一般的には、「草の」「三つ編み」「編む」と配列されることから、このような変則的な語順には、たとえば、「草の」を強調するためなど、なんらかの語用論的要因が働いていることが考えられる。

このような語順の自由さは、両言語とも動詞と名詞の一致システムが発達していることと大いに関係がある。すなわち、主語・目的語といった名詞項の人称や数が動詞の側でも標示され、名詞項と動詞が文のどこにあっても形態的に相互に照応しあうことができるためである。コラム26の例文の動詞の部分 t-ə-ku-talatan-ŋ-ə-n に注目していただきたい。talatan「編む」は他動詞であるため、主語と目

【コラム 26】修飾語－動詞－被修飾語の語順

ɣəmnan	vəʕaj-in-Ø	t-ə-ku-talatan-ŋ-ə-n	talat-Ø.
1単(能)	草-所有-絶単	1単主-挿入-不完了-編む-不完了-挿入-3単目	三つ編み-絶単

「私は草の三つ編みを編んだ」

的語の標示を受ける。すなわち、語頭のt-という接頭辞は主語が一人称単数であることを示し、語末の語尾-nは、目的語が三人称単数であることを示す。また、名詞の方を見ると、能格形を取っているɣəmnan「私」が主語、絶対格形を取っているtalat「三つ編み」が目的語であることがわかる。つまり、このように名詞、動詞どちらの側にも主語や目的語の人称が標示されるために、文のなかで主語と目的語がどの位置にあっても、その特定が容易なのである。そのことが、語順の自由度を高めているのである。「私が寝た」「あなたが寝た」「彼が寝た」「私たちが寝た」あるいは「私が本を読んだ」「あなたが本を読んだ」「彼が本を読んだ」のように、主語あるいは目的語の人称の違いにかかわらず、動詞が「寝た」「読んだ」と同じ形式である日本語などとは大きく異なる点がここにある。

以上のように、ＷＡＬＳは世界の言語のさまざまな特徴を概観するには恰好なサイトである。もちろん、一人の言語学者が一つの項目を担当して世界の何百という言語を分析するわけだから、その信憑性にまったく問題がないといったらうそになるだろう。また、世界には七〇〇〇とも八〇〇〇ともいわれる言語があると考えられているにもかかわらず、ＷＡＬＳで分析対象となっているのは一つの項目について多くてもせいぜい一五〇〇言語にすぎない。膨大な数の言語を扱わなければならないことに起因するこのような問題点は、言語類型論が本来的に抱えている矛盾でもある。しかし、それでもなお、個別言語を研究する言語学者にとって、対象言語が世界の言語のなかでどのような位置付けにあるのかを知るにこれに優るものはない。そしてそれは裏を返せば、個別言語の研究者は、膨大な数の言語を概観することによってのみ成立する言語類型論の研究に、フィールドでえた貴重なデータを提供しうる立場にあるということである。

世界の言語は、多様性と同時に普遍性を持つ。言語間で一見なんの関係もないように思われるような現象が、実は底でつながっていたりすることが往々にしてある。その一例として、コリャーク語のいくつかの能格標識と日本語の能動文と受動文の作りやすさのいずれにも、名詞句階層がかかわっているということは、すでに第一章で触れたとおりである。本章では、「属性叙述」というこれとは別の現象に焦点を当ててみたいと思う。属性叙述は、実は日本語研究のなかから生まれた概念であるが、コリャーク語ではその典型的な姿が見られること、チュクチ語では動詞屈折体系がコリャーク語とは異なることと関連して、コリャーク語の属性叙述に対応する形式は、事象叙述をも担っていることを紹介する。

「テントは寒い」に二通りある！

そのことに気づいたのは、第一三トナカイ遊牧ブリガードのケッチャイさんと話していたときのことだ。コリャーク語の調査を始めてすでに五年もたっていた。我ながら、なんで今まで気づかなかったのだろうかと、少し情けない気持ちになったのを覚えている。とはいえ、一年に一度だけのフィールドワークでは、予定していた調査項目以外の現象にまで気づく余裕はなかなかない。「あれっ？　なにか変だぞ」と勘づいても、ほかのことに気を取られているうちに、頭の表面をかすめて行ってしまうのだ。しかし、「牛の歩みも千里」というように、根気よく取り組んでいるうちには、それらやり過ごした現象の重要さに改めて気づくこともあるものだ。

第一三トナカイ遊牧ブリガードでは、私は、ときどき、上述のトナカイの管理をしていたクリスチャンのコリャーク、ケッチャイさんや子どもたちといっしょに林のなかを散策して、松ぼっくりを集めたり、キノコを

写真 71　遊牧キャンプを見下ろす丘で火を起こすケッチャイさん

採ったりした。ケッチャイさんは林に生えている有用植物の用途を実によく知っているかと思うと、「このキノコは食べられるか？」と私に聞いてきたりした。これは、どうやらそもそも伝統的にコリャークたちはキノコを食べなかったこと、トナカイ放牧に当たる男たちにとって、キノコはトナカイが食べるものという以上の知識は必要ないことと関係ありそうだった。

ブリガードの宿営地が一望に見下ろせる丘の頂上まで登ると、ケッチャイさんは薪を集めて火を起こし、とびきりおいしいお茶を沸かして飲ませてくれるのだった（写真71）。

さて、そのケッチャイさんと散策から戻ってきて、彼のテントに入るとなんだか火が消えていていつになく寒いことがあった。そこで私は、コリャーク語でコラム27の（1）のように「ジャジャーガ（テント）・ウヌムク（とても）・ヌケージャルグケン（寒い）」といった。

【コラム27】2通りの「テントは寒い」

（1）	Jaja-ŋa	unmək	nəqejalɣəqen.
	テント-絶単	とても	寒い
	「テントはとても寒い」		
（2）	Jaja-k	unmək	koqejalɣatəŋ.
	テント-所	とても	寒い
	「テントはとても寒い」		

すると、ケッチャイさんはすかさず、コラム27の（2）のように、「ジャージャク（テントでは）・ウヌムク（とても）・コケージャルガトゥン（寒い）」といい直した。

そして、次のように言い足した。「だって、焚き火を燃やせば、すぐ暖かくなるだろう」。そのときは、「ふ〜ん、今まで先行文献で読んできた形容詞のヌケジャルグケン「寒い」は、こういう場合には使えないんだ。代わりにコケジャルガトゥンといわないとならないのか。へえ、なんだかよくわからないけど」とちょっとだけ思ったが、それ以上、追求する余裕もなく、そのままやり過ごしてしまった。早く焚き火を燃やして暖まりたいという気持ちが先行して、その理由を突き止めるまでには至らなかったようだ。

このときのケッチャイさんの一言が、実は、その後何年もたってから、ツンドラを越え、オホーツク海を越え、国境を越えて、日本語の「属性叙述」という概念と出会う重要な鍵となるとは、思いもよらずに。

属性叙述文は異常な文

私たちがあるできごとなり状態なりについて述べることを「叙述」というが、その叙述には大きく二つのタイプがあると考えられる。すなわち、時間の流れにそって展開するできごと、動作、状態を描く「事象叙述」と、時間の流れを超越したモノの固定的・恒常的特性を描く「属性叙述」である。たとえば、「昨日、太郎が大学に行って、一限目と二限目の授業を受けた後、生協で昼食をとった」という文は、時間の流れにそって生起するできごとを描いた事象叙述文である。一方、「富士山は高い」という文は、富士山の時間の流れを超越した属性を描いた属性叙述文である。一般言語学の世界ではこれまであまり注目されてこなかったこの事象叙述と属性叙述という区別に、しかし、日本語学では今からかれこれ七〇年も前に気づいていた人がいる。それは、佐久間鼎という国語学者である。

佐久間（一九四一）は、日本語には「事件の成行を述べる」物語り文と、「物事の性質や状態を述べたり、判断をいいあらはしたりする」品さだめ文という二種類の叙述の様式があることを指摘した。すなわち、前者は上述の「事象叙述」、後者は「属性叙述」に当たる。佐久間はまた、また、この二種類の叙述の違いは、単に意味の違いだけではなく、文構造の違いとしても顕現しているとしている。すなわち、物語文は一般に無題文「〜ガ〜スル（シタ）」の形式をとる。ここでは基本的に動詞が用いられ、時や場所の限定（時所的限定）を必要とする。一方、品さだめ文は有題文「〜ハ〜ダ」という文構造を持つ。

佐久間の後、四〇年以上たって、この二種類の叙述の区別を改めて取り上げ、事象叙述と属性叙述という叙述の類型として明確に打ち出したのが、益岡隆志である。益岡(二〇〇八：四)は、「属性叙述は対象が有する属性を述べるものであり、その点で対象の存在を志向するという特徴を持つ。そのため構造的には、対象を表示する部分と属性を表示する部分という二つの部分で構成されることになる。……(中略)……この点に対応して、文のレベルでは……(中略)……「主題(対象表示部分)＋解説(属性表示部分)」という有題文の形で表される」としている。

このことから、無題文の主語を表す格助詞「ガ」とは別に、有題文をつくる助詞「ハ」があるという日本語の特質が、研究者にこの二つの叙述の違いを早いうちから発見させるきっかけとなっていたことがうかがえる。

日本語内部でのこのような叙述類型論研究を、さらに通言語的なレベルにまで押し上げ、さまざまな言語のさまざまな現象において形態構造、統語構造に具現化するより明確な形として、属性叙述を示して見せたのは、影山太郎の一連の研究である。影山は、日本語のみならず、世界の言語に見られる、文法的に見れば一般的な構造制約に違反しているにもかかわらず容認されている文を取り上げ、これらが共通して属性叙述の機能を担っていることを看破した。

日本語の外項複合語と英語の動作主属性文を、例としてあげよう。まず、日本語の外項複合語について見る。日本語では名詞＋動詞連用形タイプの複合名詞がつくられる際には、他動詞主語(すなわち、外項)は複合されないという一般的な制約がある。たとえば、「育児」を「子育て」というのは適格だが、*「親育て」は不適格である。仮に「親育て」という複合名詞があったとして、それは、「親が育てること」ではなく、「親を育てること」、すなわち、内項である他動詞目的語の読みしかできない。

しかし、コラム28の(1)に見るように、例外的に他動詞主語が複合される場合があり、これを「外項複合語」と呼ぶ。

【コラム 28】日本語や英語における属性叙述の例

（1）　日本語の外項複合語：
[大統領｜主催]のパーティ
[プロカメラマン｜撮影]の写真
[自民党｜公認]の立候補者
[スピルバーグ監督｜制作]の映画
[安藤忠雄氏｜設計]の美術館　（影山 2009a：7）

（2）　*そのパーティは，今日，[大統領｜主催]中です。
*そのときたまたま[安藤忠雄氏｜設計]の美術館　（影山 2009a：7）

（3）　Tigers kill only at night.　（Goldberg 2001）
Humans destroy with guns and bombs, nature with wind and rain.　（影山 2003）

（4）　*That tiger killed at eight last night.　（影山 2009a：13）

影山（二〇〇九ａ）によれば、このような複合語が具体的なできごとの展開を表すのではなく、属性叙述を表すことは、「今だけ」「～中」のような時間表現と共起できないことから証明されるという（コラム28（2））。

次に、英語の動作主属性構文を見る。英語では、他動詞は通常、目的語を取らなければならないが、なかには目的語が省略された文がある。これらの文は目的語を消して、不特定にすることにより、主語の属性を際立たせる働きをする（コラム28（3））。

このような構文もまた、限定的な時間を表わす表現とは共起できない（コラム28（4））。

以上見てきた例に共通する特徴は、影山（二〇〇九ａ）によれば、次のようにまとめられるという。

①　本来なら事象叙述文に適用することが規範であるはずの種々の規則が、本来の構造制約に違反して適用されると属性叙述の機能が生じる。

②　属性叙述文になることで、元の事象叙述文と比べて他動性が下がる。

このように、影山は、これらの形式が事象叙述で用いられている既存の形態的・統語的操作を援用しつつ、そこに部分的な違反を起こすことで属性叙述機能を帯びたものであること、その本質は他動性の弱化、ひいては自動詞化にあること、さらに他動性の弱化は文中の名詞を主題として取り立て、いわば有題文をつくるためのものであることを看破した。

言語によって顕現のしかたは異なるものの、その根底に流れている「属性叙述」という原理は共通しているのだといえる。影山の研究は、日本語という個別言語の研究を言語類型論的研究にまで押し上げた、優れた研究である。しかし、その影山でさえ、属性叙述を専用におこなう形式を持つ言語の存在には気づいていなかった。

属性叙述専用の形式がコリャーク語にはある！

言語の記述は単調で手間ばかりかかる仕事である。思わず膝を叩きたくなるような興奮が、いつもそこいらにごろごろと転がっているわけではない。よほどの天才でもないかぎり、雑多なデータの集積のなかから整然とした美しき規則性を見つけ出すためには、たくさんの無駄や回り道をしなければならない。しかし、だからこそ、ある言語現象の背後に潜む規則性や原理が、暗闇に一筋の光が差し込んだように、「見えた！」と確信できた瞬間の喜びは大きい。

コリャーク語に属性叙述専用の形式があることを確信した瞬間は、私にとってはまさにそんな稀な瞬間の一つだった。あるとき、たまたま影山（二〇〇九a）を手にして、何年も前に私がケッチャイさんに直されたヌケジャルグケン「寒い」という形式こそが、その属性叙述専用の形式だということを確信したのである。この語は、「厳寒」を意味する名詞語幹ケジャルグ（qejalɣ）に、これまでコリャーク語文法でロシア語の形容詞の名称を踏襲して、「質形容詞」と呼ばれてきたヌ-…-ケン（n-…-qen）（以下、N形）という接辞が付加されたものである。ケッチャイさんが私の誤りを直したのは、ヌケージャルグケンが現在の一時的状態ではなく、恒常的な属性を表すからだった。彼のテントは年がら年中寒いわけではなく、そのときたまたまたき火を燃やしていなかったため、一時的に寒いだけだった。そのような場合には、ヌケージャルグケンとはいわず、名詞語幹 qejaly に動詞化接辞 -at を付けて動詞を派生させ、不完了を表すコ-…-ン（ko-…-ŋ）（以下、ＫＵ形）という屈折接辞を付けることによって、コケージャルガトゥンという事象叙述形式で表さなければならないのである。

つまり、影山がその存在を知らないといっていた属性叙述専用の形式が、コリャーク語にはあったのである。私は小躍りした。そして、はやる気持ちを抑えながら、国立国語研究所の所長を務めておられ、当時、日本言語学会の会長も兼ねておられた影山太郎先生にメールをお送りした。影山先生は、すぐに「もし本当にそれが属性叙述形式であるとするなら、大変面白いことです」と返事をくださり、間もなく、国立国語研究所の共同研究の一つとしてプロジェクト「デキゴトの叙述とモノの叙述」が立ち上がった。この研究プロジェクトの成果は、さらに、影山太郎編『属性叙述の世界』（二〇一二年、くろしお出版）として結実した。

この発見をする少し前まで、私は日本言語学会危機言語小委員会の委員長を務めていた。なかなか活動が具体的な成果として表れてこない小委員会に対して、当時、日本言語学会の会長であった影山先生から「危機言語を研究している人たちは、記述に没頭しているだけではなく、一般言語学に対して理論的な貢献や貴重なデータの提供もしてください」と厳しいおことばをいただいたことがあった。そんな経緯があるだけに、このような形で思いもかけず、理論研究に新たなデータを提供することができたことは、大変に感慨深いものがあった。苛酷なフィールドワークが報われたと思えた瞬間だった。

さて、ケッチャイさんにいい直されたように、属性叙述のＮ形ヌケージャルグケンは、「今」とか「昨日」と

【コラム 29】時間副詞「今」との共起可能性

（1）　*Ecɣi　ənno　unmək　n-ə-ŋot-qen.
　　　今　彼／彼女(絶)　とても　属性-挿入-怒っている-3 単主題

（2）　Ecɣi　ənno　unmək　ko-ŋot-at-ə-ŋ-Ø.
　　　今　彼／彼女(絶)　とても　不完了-怒っている-動詞化-挿入-不完了-3 単主
　　　「今，彼／彼女がとても怒っている」

【コラム 30】属性叙述形式と事象叙述形式の「家」の表れ方の違い

（1）　Jaja-ŋa　unmək　n-ə-qejalɣ-ə-qen.
　　　家-絶単　とても　属性-挿入-厳寒-挿入-3 単主題
　　　「家は(恒常的に)とても寒い」

（2）　Jaja-k　unmək　ko-qejalɣ-at-ə-ŋ-Ø.
　　　家-場所　とても　不完了-厳寒-動詞化-挿入-不完了-3 単主
　　　「家は(一時的に)とても寒い」

かいった一時的状態を表す時間副詞によって時間的限定を受けないのに対し、事象叙述のＫＵ形式コケージャルガトゥンは時間の流れにそって継起するできごとを叙述するため、これらの時間副詞と自由に共起できる。たとえば、形容詞語幹 ŋot「怒っている」からつくられた属性叙述形式と事象叙述形式で比べてみていただきたい（コラム 29 の（1）（2））。

表 13　自動詞 jet「来る」の屈折形式(3 単主，直説法)

非未来			未来
完了	結果	完結	
	ɣe-jel-lin	jet-ti	je-jet-ə-ŋ-Ø
不完了	ku-jet-ə-ŋ-Ø		je-jet-iki

さて、もう一度、先にあげたケッチャイさんとの会話で出てきた二つの文を形態素分析して、観察して見よう。すると、いくつかの重要なことに気づく（コラム 30 の（1）（2））。

まず、「家」の形に違いがあることに注目していただきたい。属性叙述のコラム 30 の（1）では、「家」は絶対格形で表れているのに対し、事象叙述のコラム 30 の（2）では場所格で表れている。わかりやすくいえば、前者は「家は」であり、後者は「家では」と訳せる。すなわち、コラム 30（1）は家そのものがどういうものかを問題にしており、日本語でいう題目（家）＋解説（寒い）という構造の有題文に相当する。一方、

【コラム 31】日本語標準語における属性叙述と事象叙述の区別

（1）　家は寒い［属性叙述］
（2）　家は今日はやけに寒い［事象叙述］

【コラム 32】青森県南部方言の事象叙述と属性叙述

（1）　A「あの街は，冬になるとずいぶん寒いんじゃないか」
　　　B「スゴク寒イジャ」
（2）　A（外から戻ってきたばかりのBに）「今日はだいぶ冷え込んでいるらしいね」
　　　B「スゴク寒クテラジャ」

（加藤 2010：136）

【コラム 33】英語の属性叙述と事象叙述

（1）　He is careful.「彼は（恒常的に）慎重だ」
（2）　He is being careful.「彼は（一時的に）慎重にしている」

（影山 2009b：43）

コラム30の（2）では、家という場所で現在、どういう状態にあるのかを問題にしている。すなわち、時間の流れにそって述べられる無題文に相当すると考えられる。

次に述語の部分であるが、コラム30の（1）の属性叙述のヌケージャルグケンに対して、コラム30の（2）で用いられているコケージャルガトゥンは、非未来（すなわち、現在・過去）の不完了アスペクトを表す動詞の形式である。すなわち、あるできごとが現在あるいは過去の時点で完了せずに継続していることを表す事象叙述の形式なのである。この不完了アスペクト形式がコリャーク語の動詞屈折体系のなかでどのような位置付けにあるのかを知るために、表13を見ていただきたい。

日本語方言にある事象叙述と属性叙述の区別

さて、日本語標準語では「家は寒い」といった場合、それが恒常的な属性なのか一時的な状態なのかを形の上から区別することはできない。両者を区別するためには、副詞などを補わなければならない（コラム31の（1）（2））。

【コラム 34】属性叙述文における他動性の弱化

（1）　Ecɣi　kəmiŋ-ə-n　k-aŋja-ŋ-ne-n　əllʕ-a.
今　子ども-挿入-絶単　不完了-ほめる-不完了-3単主-3単目　母-具（能）
「今，母親が子どもをほめている」

（2）　Kəmiŋ-ə-n　n-aŋja-qen.
子ども-挿入-絶単　属性-ほめる-3単主
「子どもはほめられる（いい子だ）」

ところが、面白いことに、日本語にも、標準語にはない属性叙述と事象叙述の違いが、述語の形で区別される方言があることが指摘されている。青森県五所川原方言、五戸方言、深浦方言、宮城県中田方言、熊本県松橋方言などである（工藤（編）二〇〇七、八亀二〇〇八、加藤二〇一〇など）。これらの方言では、属性叙述形式は標準語と同じであるが、一方、事象叙述形式は人の存在を表す本動詞「イダ」や「オル」の文法化によってつくられている。コラム32の（1）（2）は、加藤（二〇一〇）であげられている青森県南部方言の例である。（1）が属性叙述、（2）が事象叙述の文である。英語では同様の区別が現在形と進行形でなされることにも注目されたい（コラム33の（1）（2））。

他動性を弱化させるためのストラテジー

N形が属性叙述機能を持っていると私が考える根拠は、このような事象叙述形式との対立だけではない。影山が指摘した諸言語の属性叙述文に見られる他動性の弱化が、やはりコリャーク語にも見られることである。次のコラム34の事象叙述文（1）と属性叙述文（2）を比較して見よう。

aŋja「ほめる」は他動詞であるため、事象叙述文ではコラム34の（1）で見るように、主語である「母」は能格（道具格）、「子ども」は絶対格で現れる。一方、コラム34の（2）の属性叙述の例では、主語は消えてしまい、「子ども」だけは絶対格を保持した

表 14　チュクチ語自動詞 jet「来る」の直説法(3 単主)の屈折形式(Nedjalkov[1994：281]にもとづき作成)

	非未来		未来
	発話時点との関係性なし	発話時点との関係性あり	
完了	ɣe-jet-lin	Ø-jet-ɣʔi	re-jet-ɣʔe
不完了	nə-jet-qin	Ø-jetə-rkən	re-jetə-rkən

【コラム 35】発話時に起きている動作を表す RK 形

(1)　Tə-jet-ɣʔek　ɣəm,　miŋkri qun　tə-ɣətʔetə-rkən.
1:SG-come-1:SG:AOR　I　because　1:SG-be.hungry-PRES
「私は来た，なぜならばお腹がすいているからだ。」
(Nedjalkov 1994: 289)

(2)　Iʔam　rəjitku-te　ine-nəɣjewə-rkən.
why　touch-CONV　1:SG-wake.up-PRES
「なぜお前は私を触って起そうとしているのだ？」
(Nedjalkov 1994: 290)

まま残される。つまり、主語を削除し、動詞がN形を取ることによって、不特定の誰かによって恒常的にほめられているという子どもの性質が叙述されるのである。

チュクチ語の属性叙述

一方、チュクチ語では、属性叙述と事象叙述の区別はどのように表されるのであろうか？　まずは、表13のコリャーク語の動詞の屈折体系を表14のチュクチ語の動詞の屈折体系と比較して見ていただきたい。

チュクチ語とコリャーク語の動詞の屈折システムは、基本的には、いずれも非未来／未来という時制と完了／不完了というアスペクトとの組み合わせにより成り立っている点で共通している。ただし、非未来・不完了の枠組みが異なる。すなわち、コリャーク語では一つの形式KU形があるだけであるのに対し、チュクチ語では、N形と **-rkən**(以下、RK形)という二種類の形式がある。このうち、後者のRK形は「発話時に起きている動作」(Nedjalkov 1994: 289)のみを表し、過去の事態は表さない

【コラム 36】コリャーク語の KU 形に対応するチュクチ語の N 形

(1a)	Voten	ɣətɣ-ə-k	əccu	qonpəŋ	ko-nɣeŋəntval-la-ŋ-Ø.	
	この	湖-挿入-所	彼ら(絶)	いつも	不完了-網を張る-複-不完了-3 主	
(1b)	Ətri	qonpə	ŋoten-ɣətɣ-ə-k	n-ə-kupre-tku-qinet.		
	彼ら(絶)	いつも	この-湖-挿入-所	不完了-挿入-網を張る-反復-3 複主		

「彼らはいつもこの湖に網を張っている/張っていた。」

(2a)	Wocen ajŋon	ənno	ɣamɣac-ʕəl'o	ko-təpɣən-ŋəvo-ŋ-Ø.		
	去年	彼/彼女(絶)	毎日	不完了-登る-習慣-不完了-3 単主		
	tənop-etəŋ.					
	丘-向					
(2b)	Kətur	ətlon	amqənʔəso	n-ə-ttet-qin	ŋaj-etə.	
	去年	彼/彼女(絶)	毎日	不完了-挿入-登る-3 単主	山-与	

「去年,彼は毎日欠かさず山に登っていた。」

(コラム35の(1)(2))。

一方、チュクチ語では、N形は動詞の屈折体系においては発話時点との時間的関係のない非未来(現在・過去)/不完了を表す形式として捉えられている。すなわち、コリャーク語ではKU形が過去、現在両方の不完了をカバーしているのに対し、チュクチ語では現在(進行形)しか表さないRK形を補完する形で、N形がコリャーク語ではKU形が担っている不完了(現在/過去)という事象叙述の機能も担っていると考えられる。つまり、チュクチ語ではN形は属性叙述と事象叙述にまたがっているのである。

二〇〇七年以降、新たにコンサルタントをお願いしているアヤトギーニンさんの奥さんのターニャさん(写真50)は、コリャーク語とチュクチ語の二言語併用話者である。しかし、彼女は、コリャーク語とチュクチ語のN形が表す範囲を混同することはない。すなわち、コラム36の(1)(2)のように、チュクチ語でN形で表れる例をコリャーク語では同じN形ではなくKU形で訳している。このことから、コリャーク語とチュクチ語のN形の異なる用法を明確に区別していることがわかる。コラム36の(1a)(2a)がコリャーク語の例、コラム36の(1b)(2b)がこれらに対応するチュクチ語の例である。下線部の違いに注目されたい。

表 15　コリャーク語とチュクチ語の非未来・不完了の表れ方の違い

	属性叙述	事象叙述	
		過去	現在
コリャーク語	N 形	KU 形	
チュクチ語	N 形		RK 形

コリャーク語とチュクチ語の属性叙述と事象叙述におけるN形とほかの形式との分布を示すと、おおよそ表15のようになる。

新たな展開

以上、コリャーク語の属性叙述の掘り起こしをとおして、叙述類型論に新たな展開がもたらされる可能性が開けてきた。また、今後、より広範にさまざまな言語のデータを掘り起こすことにより、属性叙述が言語によって具現化される多様性の幅が連続相として見えてくる可能性もある。

ここでは、そのことを示唆する一例として、オーストラリア先住民諸語の一つであるワルング語を取り上げてみる。ワルング語は大まかにいえば、名詞が能格タイプ、代名詞が対格タイプの格標示をおこなう、分裂能格タイプの言語である。また、コリャーク語同様、逆受動構文を持つ。ただし、この言語にはコリャーク語のような属性叙述専用の形態的なマーカーはなく、統語操作によって属性叙述をおこなっていると考えられる文が見られる。

まず、第一に、ワルング語の逆受動構文のなかに属性叙述と考えられる例が見られる。Tsunoda（1988）によれば、これらの文は、対応する他動詞文とは異なり、習慣、性向、職業などを表すという。このとき、斜格に降格した目的語は一般的な意味を表すが、ときに削除されることもあるという。

次に、Tsunoda（1988）が‘Nice to VERB’構文、‘Noun is for VERBing with’構文と呼ぶ構文

にも、属性叙述機能が認められる。これらの構文に共通するのは、対格を表す名詞句が属性叙述の対象となり、文頭におかれて主題化するということである。

ワルング語のような例を見ていると、コリャーク語のように、形態的な標識と統語的な操作の両面から属性叙述がおこなわれる言語を一つの極とすると、その対極には属性叙述が形態的にも統語的にも形として顕現しにくい言語が位置付けられる可能性が見えてくる。そして、形態的には明確な形式はないが、統語操作により属性叙述が表されるワルング語や、属性叙述専用ではないが、属性叙述に用いられるのを典型とする「ハ」を持つ日本語(標準語)はその中間に位置付けられるであろう。そして、さらに広範な属性叙述のデータが蓄積されていけば、中間にさまざまな言語のバリエーションが位置付けられることになるであろう。

このように、小さな言語の現象がときに新たな通言語的研究への扉をこじ開けてくれることがある。辺境の名もない言語といえども、決しておろそかにできない理由がここにある。

チュクチのセイウチの牙の彫り物

終章　コリャーク語とチュクチ語の今そして未来

「探検」の道は残されているか

以上、私たちが一九九〇年代前半からこれまで、シベリア北東端でおこなってきたコリャーク語とチュクチ語のフィールドワークのささやかな経験を語ってきた。このかれこれ二〇年にわたるフィールドワークのおかげで、私たちはそれぞれの言語について、多くの貴重なデータを集めることができた。また、それにより、コリャーク語とチュクチ語の輪郭も多少なりとも見えてきた。ほかのメジャーな言語と比較すれば、研究の蓄積のはるかに少ないこのような言語の記述は、私たちがおこなってきたような長期にわたるフィールドでの取り組みなしには成立しないであろう。

しかし、残念なことに、私たちは二〇〇〇年代後半以降現在にいたるまで、それまでとはまったく違った研究環境に自分たちをおかざるをえなくなっている。惠は、ここ数年は現地にアクセスする交通手段の確保が困難になり、コリャーク語の話者では最年少(といってもすでに五八歳)のコンサルタントであるアヤトギーニナ・タチヤーナ・ニコラエヴナさん(写真50)をハバロフスクに呼び寄せて、短期集中的に調査をおこなっている。クレスティキの住民だったタチヤーナさんもこの一〇年間、めまぐるしい変化の波に翻弄されてきた人の一人である。一家でクレスティキからはるか離れたオムスクチャン村に移り住み、慣れない村の生活に苦労した。そして、その間、二人の愛息を次々と不慮の事故で失った。クレスティキでの生活が続いていたならば、おそらくそのようなことは起こらなかっただろうというような事故で。

一方、徳司はチュクチ自治管区へ行くための招待状の取得が難しくなり、ペヴェクやアナデリといった町にも行けなくなってしまった。そのため、ここ数年はモスクワ州在住の七〇歳代のチュクチ語話者のもとを頻繁に訪ね、調査をおこなっている。すなわち、二人ともコリャークやチュクチの生業の場からは遠く切り離されたロシアの都市で調査をおこなわざるをえなくなっているのである。

フィールドでは何人もの貴重な母語話者であるコンサルタントが亡くなった。アクセスの難しさや話者の高齢化により、現地にたどり着くことはおろか、生きたコリャーク語やチュクチ語のデータを採ることすら、今後ますます困難になることが予想される。私たちには、もはや地理的な意味での「探検言語学」への道は、確実に閉ざされつつある。

そこで、この終章では、コリャーク語とチュクチ語、それぞれの言語の「今」を見つめ、未来に思いをはせる。そして、私たちに今後どのような「探検」の道が残されているのかを考えてみたいと思う。

第一節　コリャーク語

私(恵)が最後に第一三トナカイ遊牧ブリガードを後にしたのは、二〇〇五年九月のことである。一九九三年から始まったフィールドワークは、マガダン市を皮きりに、チャイブハ村、エヴェンスク村、ヴェルフ・パレニ村、タポロフカ村、クレスティキ・トナカイ遊牧基地、第一三トナカイ遊牧ブリガードと、大陸側でコリャーク語チャヴチュヴァン方言が話されている地域はほぼカバーすることができた。私が調査してきたこれらの地域はまた、上述の民族誌『コリャーク』を書いたヨヘルソンが一〇〇年以上も前に踏査した地域とも部分的に重なっている。

これらの地域にときには数か月というまとまった期間、滞在し、調査ができたことは、本当に幸運だった。多くの運と人々に助けられて可能となったフィールドワークであった。自分自身のおかれていた立場や環境を考えてみれば、ときに強行突破の感も否めなかったが、それでもフィールドワークを敢行して正解だったと、つくづく思う。なぜならば、その後、コリャークのフィールドを取り巻く環境は、大きく変化してしまったからだ。

私がクレスティキで越冬した二〇〇二年当時、セヴェロ・エヴェンスク地区には三つのソフホーズがあった。すなわち、コリャークを中心に編成されているパレンスキー・ソフホーズと、ツングース系エヴェンを中心に編成されているラススヴェタ・セヴェラ・ソフホーズとプトレーニナ・ソフホーズであった。クレスティキと第一三トナカイ遊牧ブリガードはこのうち、パレンスキー・ソフホーズに属していた。

パレンスキー・ソフホーズは、かつて全部で一四のトナカイ遊牧ブリガードを擁する大きなソフホーズだった。しかし、すでに述べたように、ペレストロイカによる経済混乱のあおりを受け、トナカイ頭数が激減した。そのため、一四あったブリガードは解体、統合を繰り返し、二〇〇二年には、クレスティキ直轄の第五、第一三、ヴェルフ・パレニ直轄の第二、第三、タポロフカ直轄の第一〇の五つのブリガードを残すだけとなった。

しかしその後、もともと三つあった上記のソフホーズは一つに統合され、エヴェンがソフホーズ長を務める新しいソフホーズ「イルビチャン」として再編成されることになった。この余波を受けて、まず第二ブリガードがパレンスキー・ソフホーズから離脱し、私有のグループになった。だが、エヴェンスク地区政府の支援のない状態では、自立的なトナカイ遊牧を続けることは難しく、二〇〇三年には所有していた四〇〇頭足らずのトナカイの半分をイルビチャン・ソフソーズに移譲した。また、第五ブリガードは、二〇〇三年八月に私が滞在していた第一三ブリガードに、若い牧民四人で約一八〇キロの距離を六〇頭足らずのトナカイを追ってやってきたことで、事実上、消滅した。さらに、第三ブリガードはラススヴェタ・セヴェラ・ソフホーズの第七ブリガードに統合された。そして、第一〇ブリガードは解体した。

最も奥地でかろうじて持ちこたえていた第一三トナカイ遊牧ブリガードですら、この流れに逆らうことはできなかった。二〇〇三年には、トナカイ遊牧の管轄を強化し、トナカイ頭数の減少を食い止めようと、エヴェンのソフホーズの傘下に参入することになった。こうして二〇〇四年一〇月、第一三ブリガードの人々は、エヴェンの居住地近くに移住するために、それまでいたキガリを後にしてトナカイの群れとともに移動を開始した。次なる住処である大アウランジャ川のほとりに着いたのは、なんとそれから五か月後、二〇〇五年三月のことだったという。

これらの変化に加え、とりわけ大きな衝撃だったのは、私が訪ねた当時はまだ、住民たちがツンドラや川の自然の恵みを享受し、相互扶助の調和のなかで穏やかに暮らしていたクレスティキが廃墟と化してしまったことだ。セヴェロ・エヴェンスク地区政府がクレスティキ住民に対して強制的におこなった移住政策により、住民たちは遠いエヴェンスク村やオムスクチャン村に移り住まざるをえなくなり、離散した。長年、ツンドラでトナカイを追い、野生動物を狩り、魚を捕って生きる暮らしに慣れた彼らの人生は、それによって一変した。

たとえば、クレスティキで私にコリャーク語を教えてくれたイカヴァヴさんは、一四人の子どもと奥さんをエヴェンスクに送ったのち、生活の足しにするためにと、自分は一人でオムスクチャン村に来て牛飼いになった。かつては一つのトナカイ遊牧ブリガードの長としてツンドラを駆け回っていたあのイカヴァヴさんが、トラックが噴煙を上げながら行き交う、うす汚れた小さな村で、牛飼いになってしまったのである。しかし、結局、そのような暮らしに長く耐えられるわけもなく、ほどなく家族のいるエヴェンスクに行った。しかし、そこで彼を待っていたのは、失業とアルコール漬けの毎日だった。そして、二〇一二年、飲酒が原因で急死してしまった。数年ぶりにツンドラに戻るために奥さんや子どもたちと乗り込んだトラックから、なぜか出発間際に急に一人降りてしまったのだという。亡くなったのはその数日後のことだった。

このような運命をたどったコリャークは、イカヴァヴさんだけではない。トナカイも野生動物もいない村の暮らしの閉塞感のなかで、たくさんの住民が酒や病気や不慮の事故で命を落とした。イカヴァヴさん、タチヤーナさんの二人の息子さん、さらにはイカヴァヴさんの長男夫婦、次男、私を居候させてくれたゾーヤさん、ゾーヤさんの息子、アヤトギーニンさんのお兄さん夫婦。クレスティキ少人数初頭小学校の薪を用意してくれたキムリルさん、トラクターの運転手のヴィーチャ。クレスティキの数少ない民話の語り手だったカヴァヴターギンさん、凍った川から私を助け出してくれたイクムナウさん、ふらりと立ち寄る私をいつも優しく迎えてくれたエリトとリューバ。私がクレスティキを去って数年の間に、まさに次々になぎ倒されるかのようにクレスティキの半分近い住民が亡くなっていった。

クレスティキや第一三トナカイ遊牧ブリガードへの入り口であるクバクの露米合弁金鉱会社も閉鎖されてしまった今、もはやそこに戻っていくすべもなくなってしまった。

コリャーク語の変容

このようなコリャークの生活環境の激変は、コリャーク語にも多大な影響を与えないわけがなかった。コリャーク語を話す年配の人々、そして、ひょっとしたらいつか未来へとコリャーク語を継承できたかもしれない若い人々が見るみるうちにいなくなってしまうこの現実に直面するにつけ、私は思う。コリャークたちは、「民族語から支配民族の言語への漸進的なシフト」などという悠長なプロセスをも一瞬のうちに飲み込み、母語であるコリャーク語を忘却のかなたに消し去ろうとする猛烈な奔流に翻弄されているのだと。

まだフィールドに通い始めたばかりの一九九八年、私は一度、チョチャ・イーラのコリャーク語を、四〇代、三〇代のコリャークのそれと比較してみたことがあった。すると、世代別にロシア語の影響の違いが象徴的に認められることがわかった。たとえば、ロシア語で「自動車」を意味するmašina（マシーナ）という語を例に、「自動車で」という意味がそれぞれの世代でどのように表されるかを見てみよう。ちなみに、「自動車」に当たるコリャーク語固有の語はなく、三人とも借用語を使っている。まず、チョチャ・イーラの場合には、「マチーナ-タ mačina-ta」という。この言い方では、大きく二つの特徴が指摘できる。

①ロシア語の「マシーナ mašina」の「シ」の音がコリャーク語にはないため、これに調音位置が近く、コリャーク語の固有語にある「チ」の音で間に合わせている。言い換えれば、ロシア語そのものの発音ではなく、これをコリャーク語の音韻体系に合わせて修正を加えているのである。

②道具を表す「で」の部分は、ロシア語にならって格変化するのではなく、コリャーク語の格接尾辞「-タ -ta」が使われている。

すなわち、チョチャ・イーラの場合には、音韻面でも文法面でも、コリャーク語に合わせた改変が見られることがわかる。

一方、四〇代のコリャークは、「マチーナ-タ」とはいわずに、「マシーナ-タ mašina-ta」という。すなわち、

①ロシア語そのままの mašina が受容されていて、チョチャ・イーラの「マチーナ」のような音韻的改変は加えられていない。

②「タ -ta」というコリャーク語固有の接尾辞はそのまま用いられている。

つまり、音韻的にはロシア語の影響を受けつつも、文法的にはコリャーク語の構造制約を守っていることが観察される。

ところが、三〇代のコリャークになると、ロシア語の「マシーナム mašinam」が使われている。すなわち、語幹の「マシーナ」の部分も、格変化もロシア語そのままなのである。

チョチャ・イーラとその下の世代のコリャーク語の能力の違いは、明らかであった。チョチャ・イーラは、ロシア語の借用語を使っていても、それをコリャーク語の音韻特徴や文法特徴に改変する形で加工し直している。たとえば、日本語に大量の外来語が入ってきても、日本人は相変わらず大体の場合には日本語式発音に変換し直しているし、文法はかたくなに日本語のそれを守っているのと似た状況である。一方、四〇代のコリャークは、

ロシア語の発音をそのまま受容しているが、格変化の形式はコリャーク語のそれを踏襲している。ところが、三〇代になると、そもそも文法的に適格なコリャーク語の文を生成すること自体が難しくなってくる。このように、三人が蒙っているロシア語の影響が段階的な差として顕著に現れたことに私は大いに興味をそそられた。と同時に、わずか三〇年ほどの間に、このようなコリャーク語の急激な変容が観察されることに慄然としたものだった。

とはいえ、今思えば、このような世代間のコリャーク語の能力の違いをまがりなりにも比較できたあの当時は、今に比べれば実は私たち研究者にとっては幸せな時代だったのである。

未来に継承されることのない言語

そんな世代間のコリャーク語の違いを調査できた一九九八年は、初めてエヴェンスク村を訪れた年でもあった。当時は、セヴェロ・エヴェンスク地区民族寄宿学校で、主にエヴェンとコリャークの子どもたちが、ツンドラの親元を離れて寄宿舎生活を送り学んでいた。当時は、タチアーナ・ユーリエヴナ・イェルモリンスカヤ（一九五九年生）さん（写真72）が教えるコリャーク語の授業もあった。しかし、それは母語教育というのからはかけ離れていた。まず、各学年それぞれ週五コマずつあるロシア語とロシア文学の授業に比べると、コリャーク語の授業数はあまりに少なかった。すなわち、一年生から七年生までは週三コマ、八年生は二コマ、九年生から一一年生になるとさらに減って一コマだけだった。高学年になるにつれて授業数が減っていくのは、ツンドラから出てきたばかりでまだ多少はコリャーク語のわかる子どもたちが、スムーズにロシア語に移行していくための巧妙なしかけなのかもしれなかった。つまるところ、民族寄宿学校でのコリャーク語の授業は、コリャーク語を

写真72　今はない民族寄宿学校でのコリャーク語の授業(エヴェンスク村にて)

忘れていくための教育だったのかもしれない。そして、その通り、数年後には、このコリャーク語の授業は全面的に廃止されてしまった。

それでも探検を求めて

私は今、クレスティキからオムスクチャンに移住したタチヤーナ・ニコラエヴナ・アヤトギーニナさんに、九月と三月の年二回、一週間ずつだけハバロフスクに来てもらい、聞き取り調査をしている。ツンドラでの言語人類学的調査の成果を『コリャーク言語民族誌』(二〇〇九年、北海道大学出版会)として世に送り出すことができた後、ツンドラにアクセスできなくなったことも手伝い、私はまるで憑き物が落ちたように、再び言語学プロパーの調査に回帰していった。

ツンドラにいたときのように、次からつぎへと押し寄せてくる民俗語彙と格闘するような調査はもはやできなくなった。今は、次なる私の目標であるコリャーク語文法執筆のために、形態論、統語論を中心に毎回、明らかにすべきテーマをあらかじめ決め、一週間という短い期間、集中的な調査をおこなっている。タチヤーナさんと同じ部屋で寝起きし、文字通り朝から晩まで、そしてときには夜中まで聞いて聞いて聞きまくっている。狭い部屋にカンヅメ状態で私の質問攻撃を受けるのは、さぞかし辛いだろうと思うが、タチヤーナさんは非常に忍耐強く付き合ってくれている。

調査のスタイルは一変したが、このような調査からも私は毎回、発見の驚きと喜びを味わっている。窓の向こうにツンドラの風景が広がっていなくても、トナカイの群れがいなくても、狭いホテルの一室でのこのような膝詰めの調査ですら、私にとっては実は未知への「探検」であるようだ。第四章で紹介した属性叙述についての着想を得たのも、ロシア語学の枠組みで捉えられていたコリャーク語の形容詞を整理し直したのも、先行研究のまったくない関係節を一から詳細に記述したのも、名詞化の特質を探ったのも、コリャーク語では重文と複文が截然と区別されずに連続していることに気づいたのも、コリャーク語の統語的能格性に探りを入れたのも、すべて、タチヤーナさんとのこのようなホテルでの調査でだった。そして、おそらくタチヤーナさんも、ツンドラで現に起きている悲劇から遠く離れた場所で、コリャーク語に没頭できるこの時間を、つかの間の息抜きとも感じているようだ。彼女はクレスティキを後にしてから今まで、あまりに多くの親族の死に立ち会ってきた。とりわけ、二人の愛息を次々に失った後の、魂が抜け落ちてしまったかのような彼女の落胆ぶりは、痛々しかった。そのような深い悲しみを乗り越え、彼女の暗かった表情にもようやく笑顔が戻ってきた。とはいえ、このところ体のあちこちに不具合が出てきたタチヤーナさんと、どれだけこのような形で調査を続けていくことができるのかはわからない。しかし、このささやかなフィールドワークが未知への探検であるかぎり、私は彼女のもとに飛んでいきたいと思っている。

第二節　チュクチ語の変容

一九八九年のロシア人口統計調査によれば、チュクチ語の母語話者は全人口約一万五〇〇〇人のうちの七三・九パーセントだった。しかし、その一三年後、二〇〇二年の人口統計調査の結果によると、チュクチ全人口一五七六七人のうち、チュクチ語話者率は四〇・二パーセントと激減した。私がフィールドで肌身に感じたチュクチ語に対する危機感が思い過ごしではなかったことが、この数字でも証明されている。

上述の一九八九年当時の、七三・九パーセントというチュクチ母語話者率は、ロシア領内の北方少数民族のなかでは四番目に入る高いものであった。とはいえ、実際に現地に入ってみると、その状況が楽観を許すものではないことがすぐにわかってきた。以下では、私がこれまで調査をおこなってきたチュクチ自治管区チャウン地区のチュクチ語の現状について紹介したい。

チュクチ語を話すトナカイ遊牧民は、広大なツンドラを居住環境としているために、基本的には他言語の影響を受けにくい状況にある。したがって、今でも六〇代以上の年配者の多くは日常的にチュクチ語を母語とし、ロシア語はほとんど話せない。また、四〇代から五〇代にかけては、チュクチ語とロシア語を併用しているものの、どちらかといえばチュクチ語が流暢な人の方が多い。ところが、三〇代以下の若年層になると、チュクチ語の使用はいちじるしく低下している。とりわけ、二〇代以下では、もはやチュクチ語を流暢に話せる人はほとんどおらず、大多数がロシア語に同化してしまっている。

チュクチ語が衰退した背景

帝政ロシア時代、ロシア人が北東シベリアに進出してくる以前、チュクチ語はこの地域で最も有力な言語であり、周辺のアジア・イヌイット、エヴェン、ユカギールなどの民族とチュクチとの間では、チュクチ語を媒介にコミュニケーションが図られていた。その影響は現在も多少残っており、たとえば、同じくチュクチ自治管区のビリビノ地区とアナデリ地区のエヴェンの年配者の多くは、エヴェン語以外にチュクチ語を話すこともできる。

続く旧ソ連時代の少数民族の言語文化に対する政策は、たとえば、アメリカ合衆国やカナダで、北米インディアンが民族固有の言語を使用することが禁止されたのとは多少、事情が異なる。旧ソ連では、ロシア革命以後レーニン主義的民族政策にそって、少数民族の言語の保護が進められた。すなわち、本来、文字を持たない民族語にラテン文字が導入され、民族語による教育がおこなわれた。しかし、このような民族保護政策はスターリンの一国社会主義政権をへて、ラテン文字からキリル文字への変換、ロシア語の母語化政策へと徐々に移行していった。

チュクチ語のたどった運命も例外ではなかった。とりわけ、一九五〇年代後半からは、出稼ぎを目的にロシア人、ウクライナ人などの白系人種がチュクチ自治管区に大量移住し、それに伴い、保育所、学校、診療所などを備えた村がつくられた。その結果、近代的な村の生活とツンドラという厳しい自然環境のもとで繰り広げられてきた伝統的なトナカイ遊牧生活の間に大きな文化的ギャップが生まれた。やがて、新しい生活スタイルが伝統的な生活を凌駕し始めた。六〇年代前半になると、ツンドラの親元にいた子どもたちが村に集められ、保育園でロシア人の保母が二四時間体制でおこなう「完璧な保育」が始まった。このようにして、チュクチの子どもたちは正常な母語習得の場である親元から隔離されていったのである。さらに、寄宿制学校における徹底したロシア語による集団生活と教育が、若年層チュクチのロシア語への同化に拍車をかけた。

しかし、ソ連崩壊後、ロシアの経済の混乱は、中央から遠く離れたこの極北地域にも多大な影響を及ぼした。賃金の未払いが常識になって行くなか、かつては高給と好待遇を約束されてこの地にやってきたロシア人、ウクライナ人などの白人の多くは、家財道具をコンテナで送り、続々と故郷へ引き返して行った。白人に捨てられた村の空家には、ツンドラからの多くのチュクチが住み着くようになった。しかし、村にはこれといった仕事もないため、失業者があぶれ、アルコールに溺れる人も増加した。

チュクチの言語と文化の未来

民族固有の言語の存続は、その言語が親から次の世代へとたしかに受け継がれるか否かにかかっている。その意味では、チュクチ語の状況は決して楽観できるものではない。現在、チュクチが直面している最大の問題は、なんといっても若い世代のチュクチが民族固有の言語文化をしっかりと継承していないことである。

チュクチ自治管区では、一九五〇年代後半からチュクチ語の授業が始まり、今でも各学校でおこなわれている。しかし、私が現地調査をおこなってきたチャウン地区のリトクーチ村とヤヌラナイ村では、それぞれチュクチ語に堪能な三〇代の教師が一日一コマのチュクチ語の授業をおこなっているだけである。彼らの懸命な努力にもかかわらず、子どもたちはチュクチ語にはあまり関心がなく、授業が終われば再びロシア語の世界に戻ってしまい、

写真 73　ツンドラの子どもたち(1)

なかなか効果が上がらないのが実情である。六〇年代に村の保育園でロシア語教育を受けたチュクチは、自分自身が親になった今、もはや自分の子どもたちに民族語を継承することはできない。また、小学校一学年から村の寄宿制学校に送られ、ロシア語による教育を受けた子どもたちは、もはやチュクチ語のみならず、ツンドラでの厳しい自然条件に適応対処していくための生活技術や、民族独自の伝統文化を習得する場も剥奪されてしまっている。ロシア人にもチュクチにもなりきれず、民族としてのアイデンティティを失った中途半端な人間として生きていくしかなくなっているのである(写真73・74)。さらにペレストロイカ以降のロシア国内における経済混乱は、中央から遠くかけ離れたチュクチ自治管区にも深刻な影響を及ぼしている。給料の遅配、日常生活に必要な物資の極端な不足などにより、若い牧夫はツンドラのトナカイ放牧に見切りをつけ、村に集中する傾向にある。また、トナカイの群れが年々減少し、遊牧そのものが危機に瀕した地域が増加している。このような状況が続けば、チュクチの言語文化が文字通り消滅の危機を迎えることになるといっても過言ではない。

しかし、悲観材料ばかりではない。ツンドラの遊牧地で祖父、祖母がいっしょに暮らしている家庭では、今もチュクチ語が主なコミュニケーションの手段である。チュクチ語の存続は、このような言語環境が子どもたちにどれだけ長く用意されるかにかかっている。

写真 74　ツンドラの子ども(2)

写真 75　モスクワ州でのチュクチ語の調査

あとがき

本書は、チュクチ語とコリャーク語という、一般にはあまりなじみのない北方の小さな言語を、呉人徳司と呉人恵がそれぞれどのように掘り起こし、記述してきたかについてのささやかな記録である。

言語のフィールドワークは、それがおこなわれているのがいかに「探検」の想像力を駆り立てる場所であっても、実際には実に地味な作業である。聞き取り調査とそれに続くデータの分析の際に、発見の喜びに胸躍らせることはあっても、そこにたどり着くまでには気の遠くなるような基礎作業をおこなわなくてはならない。『探検言語学』というタイトルにいまだに気恥ずかしさを禁じえない所以である。

しかし、今は、これまで私たちが微力ながら必死に取り組んできた研究を振り返り、私たちが研究を始める前にはわからなかったことが多少なりともわかるようになっているという事実を素直に認めてあげよう。冠るには重たいが、『探検言語学』というタイトルをいただいたこの本を勇気を出して世に送り出すことにしよう。これからもまだまだ続いていくチュクチ語、コリャーク語への果てしない道を迷わずに歩いていけるよう、本書の執筆を通して、これまでの私たちの道のりを振り返ることは必要だったと、今は思える。

本書の刊行は、なによりも、私たちがフィールドで出会ったたくさんの方たちの協力のおかげで可能になった。その方たちのお名前は本文中で紹介しているので、ここでは繰り返さないが、感謝の気持ちは何度でも繰り返して表したい。加えて、これまで切磋琢磨し合いながらそれぞれの土地でフィールドワークを続けてきた研究者仲間の方々にも、心から感謝の気持ちを表したい。皆さんの研究がなによりも、私たちの活力そして励みになりました。

さらに、本書では、和紙ちぎり絵作家である北村真由美さんが、コリャーク語民話『ワタリガラス』(Kurebito, M. and T. J. Jermolinskaja (eds.) (2002) のために描いてくださったちぎり絵を使わせていただいた。フィールドの写真だけを頼りに描いてくださったとは思えないほど、コリャークのトナカイ遊牧地の素朴な雰囲気を生き生きと映し出したそれらの絵に感動したことが、懐かしく思い出される。北村真由美さんにはあらためて心からお礼を申し上げたい。

なお、本書の主に第三章、第四章の記述の中には部分的に、参考文献にあげた呉人　恵(二〇〇三)、呉人　恵(二〇〇九)、呉人　恵(二〇一〇)、Kurebito, T. (2003)、呉人徳司(二〇〇四)に加筆修正をほどこしたものがあることを書き添えておく。

最後に、本書のタイトルを考えてくださった北海道大学出版会の成田和男さんを忘れてはいけない。成田さんこそ、本書の仕掛け人であり、遅々として筆の進まない私たちを優しく励まし、本書の編集に多大な時間と労力を惜しみなく注いでくださった方である。成田さん、本当にありがとうございました。

追：

両親のフィールドワークの都合で幼少のみぎりより、毎年夏になるとモンゴルの草原にまるまる二か月送られてきた二人の娘にも、「ありがとう」のひとことを言いたい。寂しい想いをさせてしまったが、それをはねのけてたくましく、そしてモンゴルを心から愛する人に育ってくれたことが、なによりも嬉しい。

平成二六年春

呉人徳司
呉人　恵

2』937-50. 東京：三省堂.
東京外国語大学アジア・アフリカ言語文化研究所(1979)『アジア・アフリカ言語調査票 下』東京：東京外国語大学アジア・アフリカ言語文化研究所.
角田太作(2009)『世界の言語と日本語　改訂版―言語類型論から見た日本語』東京：くろしお出版.
八亀裕美(2008)『日本語形容詞の記述的研究―類型論的視点から』東京：明治書院.
渡辺己(1992)「新旧両大陸の要：チュクチ・カムチャツカ語族」宮岡伯人編『北の言語：類型と歴史』152-153. 東京：三省堂.
科姆里，伯纳德(1989)沈家煊(译)『语言共性和语言类型』北京：华夏出版社.

Skorik, P. Ja. (1961, 1977) *Grammatika chukotskogo jazyka I* (1961). Moskva/Leningrad; *II* (1977). Leningrad.
Točenov, V. V. et al. (1983) *Atlas SSSR.* Moskva: Glavnoe upravlenie geodezii i kartografii pri Sovete ministrov SSSR.
Tsunoda, T. (1988) Antipassives in Warrungu and Other Australian Languages. In: M. Shibatani (ed.) *Passive and Voice,* 595-649. Amsterdam/Philadelphia: John Benjamins.
Zhukova, A. N. (1967) *Russko-korjakskij slovar'.* Moskva: Sovetskaja enciklopedija.
Zhukova, A. N. (1972) *Grammatika korjakskogo jazuka.* Leningrad: Izdatel'stvo Nauka.

バチャーノヴァ，E.P.(2000)斎藤君子訳「コリャーク人のライフヒストリー—1995年のカムチャツカにおけるフィールドワーク資料をもとに」『口承文藝研究』23：173-183.
池上二良(監修)；津曲敏郎(作図)(1983)「東北アジア少数民族言語分布図」『月刊言語』12：11，東京：大修館書店.
池上二良(1989)「ツングース諸語」亀井孝・河野六郎・千野栄一(編著)『言語学大辞典2』1058-1083．東京：三省堂.
影山太郎(2003)「動作主属性文における他動詞の自動詞化」『市河賞36年の軌跡』271-280．東京：開拓社.
影山太郎(2009a)「言語の構造制約と叙述機能」『言語研究』136：1-34.
影山太郎(2009b)『日英対照　形容詞・副詞の意味と構文』東京：大修館書店.
影山太郎(編)(2012)『属性叙述の世界』東京：くろしお出版.
風間喜代三・上野善道・松村一登・町田健(2004)『言語学 第2版』東京：東京大学出版会.
加藤重広(2010)「北奥方言のモダリティ辞」『北海道大学文学研究科紀要』130：125-157.
亀井孝・河野六郎・千野栄一(編著)(1992)『言語学大辞典4』東京：三省堂.
国際音声学会(編)(2003)竹林滋・神山孝夫訳『国際音声記号ガイドブック—国際音声学会案内』東京：大修館書店.
工藤真由美(編)(2007)『日本語形容詞の文法—標準語研究を超えて』東京：ひつじ書房.
呉人惠(2003)『危機言語を救え！ツンドラで滅びゆく言語と向き合う』東京：大修館書店.
呉人惠(2009)『コリャーク言語民族誌』札幌：北海道大学出版会
呉人惠(2010)「コリャーク語の属性叙述—主題化のメカニズムを中心に」『言語研究』138：115-147.
呉人徳司(1998)「最も動詞の語形成の多彩な言語」『月刊言語』27：46-49．東京：大修館書店.
呉人徳司(2004)「ツンドラのトナカイ遊牧民チュクチ」北海道立北方民族博物館(編)『北の遊牧民—モンゴルからシベリアまで』38-42.
益岡隆志(編)(2008)『叙述類型論』東京：くろしお出版.
松井健(1991)『認識人類学論攷』京都：昭和堂.
松村一登(1988)「ウラル語族」亀井孝・河野六郎・千野栄一(編著)『言語学大辞典1』845-854．東京：三省堂.
宮岡伯人(編)(1992)『北の言語：類型と歴史』東京：三省堂.
佐久間鼎(1941)『日本語の特質』東京：育英書院．(1995年復刻，くろしお出版)
庄垣内正弘(1989)「チュルク諸語」亀井孝・河野六郎・千野栄一(編著)『言語学大辞典

引用参考文献

Bogoras, W. (1922) Chukchee. In: F. Boas (ed.) *Handbook of American Indian Languages.* Part 2. *Bureau of American Ethnology, Bulletin* 40: 631-903. Washinton D.C.: Smithsonian Institution.

Comrie, B. (1981a) *Language of the Soviet Union.* Cambridge: Cambridge University Press.

Comrie, B. (1981b) *Language Universals and Linguistic Typology: Syntax and Morphology.* Chicago: University of Chicago Press.

Dixon, R.M.W. (1994) *Ergativity. Cambridge Studies in Linguistics* 69. Cambridge: Cambridge University Press.

Dixon, R.M.W. (2010) *Basic Linguistic Theory, Volume 1. Methodology.* Oxford: Oxford University Press.

Doefer, G. and Weirs, M. (eds.) (1978) *Beiträge zur nordasiatischen Kulturgeschichte. Tungusica* 1. Wiesbaden: Otto Harrasowitz.

Fortescue, M. (2005) *Comparative Chukotko-Kamchatkan Dictionary. Trends in Linguistics* 23. Berlin: Mouton de Gruyter.

Goldberg, A. (2001) Patient Arguments of Causative Verbs Can Be Omitted. *Language Sciences* 23: 503-524.

Jochelson, W. (1908) *The Koryak. Publications of The Jesup North Pacific Expedition VI. American Museum of Natural History, New York. Memoir, Vol. X, Parts* 1-2. Leiden: E. J. Brill; New York: G. E. Stechert & Co. (Reprinted 1975, New York: AMS Press.)

Jochelson,W. (1928) *Peoples of Asiatic Russia.* New York: The American Museum of Natural History.

Krauss, M.E. (2003) The Languages of the North Pacific Rim, 1897-1997, and the Jesup Expedition. In: L. Kedall and I. Krupnik (eds.). *Constructing Cultures Then and Now: Celebrating Franz Boas and the Jesup North Pacific Expedition.* 211-221. Washington D. C.: Arctic Studies Center, National Museum of Natural History, Smithsonian Institution.

Kurebito, M. and T. J. Jermolinskaja (eds.)(2002) *CawcEvalEmNEl': WellE (Koryak Folktale: The Raven)*. ELPR A2-018. Suita: Faculty of Informatics, Osaka Gakuin University.

Kurebito, T. (1998) A Report on Noun Incorporation in Chukchi. In: O. Miyaoka and M. Oshima (eds.). *Languages of the North Pacific Rim* 4: 97-112.

Kurebito, T. (2003) Reindeer Slaughter by Chukchi: Terms for the Body Parts. *Reindeer pastoralism among the Chukchi. Chukotka Studies* 1: 57-68.

Kurebito, T. and Oda, J. (eds.) (2004) *Chukchi Animal Folktales. Chukotka Studies* 3. PP.48.

Nedjalkov, V. P. (1994) Tense-aspect-mood Forms in Chukchi. *Sprachtypologie und Universalienforschung* 47(4): 278-354.

Sapir, E. (1911) Problem of Noun Incorporation in American Languages. *The American Anthropologist* 13 (2), 250-282.

Silverstein, M. (1976) Hierarchy of Features and Ergativity. In: Dixon, R.M.W. (ed.) *Grammatical Categories in Australian Languages,* 112-171. New Jersey: Humanities Press.

Skorik, P. Ja. (1941) *Russko-chukotskij slovar'.* Leningrad.

マ　行

ヤ　行

ラ　行

A

I

N

P

S

U

W

ナ　行

ハ　行

サ　行

タ　行

索 引

ア 行

カ 行

呉人徳司（くれびと　とくす）
1965年に中国内モンゴル自治区シリンゴル盟に生まれる
中国内モンゴル大学大学院修士課程修了（モンゴル語学専攻），北海道大学大学院修士課程修了（言語学専攻），京都大学大学院言語学専攻博士課程修了，東京外国語大学アジア・アフリカ言語文化研究所助手をへて，現在，准教授　博士（文学）（京都大学）
編　著　『星の王子さま（チュクチ語・ロシア語対訳版）』（東京外国語大学アジア・アフリカ言語文化研究所，2014）
論　文　「チュクチ語の結合価の変更について」『アジア・アフリカの言語と言語学』4（2010），An Outline of Valency-Reducing Operations in Chukchi, In: W. Nakamura & R. Kikusawa (eds.) *Ojectivization and Subjectivization: A Typology of the Voice Systems* (Senri Ethnological Studies 77) (2012)

呉人　惠（くれびと　めぐみ）
1957年に山梨県甲府市に生まれる
東京外国語大学大学院外国語学研究科修士課程修了（アジア第一言語専攻），北海道大学文学部助手，富山大学人文学部助教授をへて，現在，富山大学人文学部教授　博士（文学）（北海道大学）
主　著　『危機言語を救え！——ツンドラで滅びゆく言語と向き合う』（大修館書店，2003），『コリャーク言語民族誌』（2009，北海道大学出版会）など

探検言語学——ことばの森に分け入る

2014年6月25日　第1刷発行

著　者　呉人　徳司
　　　　呉人　　惠
発行者　櫻井　義秀

発行所　北海道大学出版会
札幌市北区北9条西8丁目　北海道大学構内（〒060-0809）
Tel. 011(747)2308・Fax. 011(736)8605・http://www.hup.gr.jp

㈱アイワード

ISBN978-4-8329-6805-9